Ika von Stolp
Morgen ist Hühnerzählung, Frau Milik!

Ika von Stolp
Morgen ist Hühnerzählung, Frau Milik!

Bibliografische Information der Deutschen Nationalbibliothek:
Die Deutsche Nationalbibliothek verzeichnet diese Publikation in der Deutschen Nationalbibliografie; detaillierte bibliografische Daten sind im Internet über dnb.dnb.de abrufbar.

© 2016 Herstellung und Verlag:
BoD – Books on Demand,
Norderstedt"

ISBN 9783741293757

Vorwort

Kublitz, ein Dorf in Pommern 1919 – 1946

Dies ist die Geschichte meiner Tante Traute, die bei Hitlers Machtergreifung dreizehn Jahre alt war. Sie erzählt von Spielen, Schulstreichen, der ersten Liebe, von Hochzeiten und vom Kinderkriegen und wie der Krieg das Leben der Leute in einer Dorfgemeinschaft verändert.
In Kublitz macht sich der Krieg in den ersten Jahren nur durch die vielen Soldaten bemerkbar, die den Mädels den Hof machen. Es wird viel getanzt in diesem Buch! Und das ist auch gut so, denn das dicke Ende kommt früh genug!
Im Oktober 1944 ziehen erste Trecks aus Ostpreußen durch Kublitz. Die Ostfront beginnt zu bröckeln.
»Aber ich konnte mir nicht vorstellen, dass der Russe hier in Kublitz einmarschiert!«, sagt Traute.
Sie wird es erleben müssen und nicht nur das!
Aber selbst als ihre Welt in Stücke bricht und der Sturm der Rache über sie hinwegfegt, blitzt neben all dem Entsetzen und der Sprachlosigkeit hin und wieder ein Lachen durch die dunklen Wolken.
Dieses Buch berichtet von Kraft, Mut und Stärke der Frauen und von ihrem unbedingten Willen, um ihr Leben und das ihrer Kinder zu kämpfen.

Einige Namen sind zum Schutz der Betroffenen oder deren Nachkommen geändert worden.

Ika von Stolp

Für Mirili und Sonja

Inhalt

Kindheit 9

Großvater 61

Die Jugend und die Liebe 83

Hochzeiten und Kinderkriegen 115

Räumungsbefehl und Flucht 153

Zurück nach Haus 165

Die Russen und die Polen 190

Kucharski 211

Abschied von Kublitz 237

Neuanfang 252

1 Kindheit

Vater

Wir waren ja aufgewachsen wie das Unkraut auf dem Felde. Ich meine, es war eine schöne Kindheit. Unsere beiden Alten hatten zwar nicht viel Zeit für uns, weil sie so schuften mussten, aber trotzdem waren wir behütet.

Ich liebte es, sonntags länger bei Vater im Bett zu liegen. Er erzählte mir dann aus seinem Leben, von seiner Kindheit und wie er nach Berlin gegangen ist, wie seine Eltern tot waren. Vater hatte sechs Brüder und eine Schwester. Er war der Jüngste. Drei seiner Brüder wohnten in Berlin.

Er erzählte mir auch, wie er Mutter kennengelernt hat auf einem Ball im Schützenhaus in Stolp. Als er sie sah, da hat er sich sofort in sie verliebt. Sie war die Schönste von allen, und er holte sie dann auch gleich zum Tanz. »Mutter war so schlank und hatte eine Taille – ich konnte sie mit meinen beiden Händen umfassen«, sagte Vater. »Und ihre blonden Haare waren hochgesteckt wie eine Krone. Aber so hübsch sie auch war, tanzen konnte sie nicht!«

Armer Vater! Wo er doch so ein leidenschaftlicher Tänzer war! Von ihm hab ich das Tanzen gelernt. Ein Walzer mit ihm war einfach klasse!

Großvater wollte aber nichts davon wissen, dass Vater Mutter heiratet. Der arme Schlucker war ihm nicht gut genug für seine Tochter!

Mutter und Vater haben ja gegen Großvaters Willen geheiratet. Die Hochzeit fand bei Vaters Schwester in Kublitz statt. Aber von Mutters Seite durfte keiner zur Hochzeit kommen. Großvater hatte es verboten. Ihr Zwillingsbruder Max war der Einzige, der sich darüber hinwegsetzte.

In einer kleinen Zweizimmerwohnung haben sie dann gewohnt und in der Waschküche ihre Wurst gemacht und denn auf dem Markt verkauft.

Die Kinder kamen in kurzen Abständen. Insgesamt waren es sieben. Zwei starben. Erika mit einem Jahr und Karlheinz mit sechs Monaten.

Also leicht haben es unsere Alten wirklich nicht gehabt! 1915 kaufte Vater denn das Haus in Kublitz. Wir drei Mädchen, Irma, Lotte und ich, sind alle schon dort geboren. Jedenfalls, Vater hat sich alles aus dem Nichts aufbauen müssen. Da kann man sich denken, wie der geschuftet hat. Das meiste Geld hat er mit Viehhandel verdient – Zuchtvieh aus Ostpreußen. Da hat er Geld gemacht!

Von meiner Nottaufe hat Vater mir auch erzählt. Jedenfalls sagte er, als ich dann auf die Welt kam, wollt' ich erst gar nicht so recht ran ans Leben. Da haben sie gleich drei Instanzen in Bewegung gesetzt: die Hebamme, den Arzt und den Pastor. Denn kam der Arzt. Also der hat mir nicht viel Chancen ausgerechnet. Er hat zu Vater gesagt:

»Schicken Sie man gleich zum Pastor, dass das Kind getauft ist, wenn es zum ‚Herrn' geht.«

Die Hebamme Wolter und unser Nachbar Neitzel waren meine Notpaten. Und nu musste bloß noch ein Name her. Beinahe hätten sie mich Hildegard genannt,

aber das scheiterte am Einspruch meines Bruders, der sagte: »Nee! Hildegard die Katze blaht! Das ist doch nüscht!« Vater musste ein Machtwort sprechen:
»Sie heißt Edeltraut! Basta!«
Der Pastor hat mich dann in aller Eile auf diesen schönen Namen getauft. Ich weiß nicht, lag es am Weihwasser oder was, jedenfalls blieb ich am Leben. So leicht ließ ich mich eben doch nicht unterkriegen. Und denn bin ich noch ganz ordentlich geworden, nich.
Vielleicht lag es ja auch wirklich am Weihwasser!
Naja jedenfalls, Vater wollte ja unbedingt ein Trautchen haben, hat er mir gesagt, obwohl schon vier Kinder da waren: Ewald, der Älteste, dann Heidi und Irma und meine jüngste Schwester Charlotte. Also ich meine, Vater hat mich auch noch gewollt, und ich wurde ganz sein Kind mit Haut und Haaren.
Ich hab ihn immer so nach markiert. Wenn er mit den Viehhändlern gehandelt hat, dann stand er da im Hof, Bauch raus, Hände auf dem Rücken. Denn ich daneben, auch Bauch raus und Hände auf dem Rücken. Wenn er mit mir über die Felder fuhr, denn sagte er:
»Na, Nutken, wollen mal sehen, wie das Korn steht.«
(er sagte immer Nutken zu mir)
Denn hat er so eine Ähre in der Hand zerrieben, das Korn probiert und gesagt:
»Na, ich glaub, das muss noch vierzehn Tage.«
Ich auch das Korn probiert und gesagt:
»Ich glaub, das muss noch vierzehn Tage, Papa.«
Und wenn er mir eine Freude machen konnte, oder wenn ich was haben wollte, er hat immer versucht, mir meinen Wunsch zu erfüllen. Da fielen manche Extra-Groschen für mich ab. Ich hab die aber nie ge-

spart, da kamen ja immer welche nach.
Also ich hab die denn gleich umgesetzt. Das hat die anderen dann schon gewurmt, und da haben sie mich geärgert, wo sie nur konnten.
Meine Schwestern Lotte und Irma, die sehe ich noch da stehen bei Bäcker Schwarz. Und wenn ich mit meiner Rosinenschnecke raus kam, dann riefen sie:
»Nutken, Nutken, Nuckelneese, fraß den Keese, fraß den Speck vom Teller weg!«
Und dann machten sie mich so nach, wie ich ging. Ich knickte als Kind immer so 'n klein bisschen in der Kniekehle. Ich hatte eine Wut, ich hätte die können umbringen!
Naja jedenfalls, später haben sie gesagt, sie hätten mir dadurch einen schönen Gang beigebracht. Am liebsten hätten sie noch dafür bezahlt genommen.
Und wenn sie auch sagen, ich hätte sie dauernd verpetzt – das habe ich auch. Muss ich zugeben. Aber so hab' ich mich gerächt, weil sie mich immer abgeschoben haben. ‚Du geh man, olle Petze, dich können wir nich gebrauchen!' hieß es doch immer. Das war so ein Kreislauf, dann hab' ich sie eben wieder verpetzt.

Stolpmünde

Also ich hatte so meine Privilegien!
Wenn wir am Wochenende mit dem Landauer (Kutsche) nach Stolpmünde fuhren, durfte ich immer vorne zwischen Vater und meinem Bruder Ewald auf dem Kutschbock sitzen. Ich war ja Vaters Liebling und nu die Jüngste von uns fünf Kindern, da durfte ich das eben. Die andern durften das nicht. Heidi, Lotte und

Irma mussten hinten in den Wagen bei Mutter. Die Pferde trugen dann ihr Sonntagsgeschirr mit Vaters Monogramm in Silber: E. M. für Erich Milik.
»Na, Nutken«, sagt Vater, »kannste schon das Meer riechen?« Da haben wir beide tief Luft geholt.
»Ich riech' es schon, Papa. Ich riech' es!«
Tatsächlich, man konnte das Wasser riechen. War eine ganz andere Luft, als bei uns auf dem Lande. War eben Seeluft! Das roch nach Fischkuttern im Hafen!
Und dann fuhren wir an den kleinen, alten Fischerhäuschen vorbei. Die Wagenräder rollten denn – so schön – übers Kopfsteinpflaster, und die Pferdehufe klapperten so hell. Ich höre das noch so richtig.
Diese Fahrten an die See waren immer was ganz Besonderes! Vater steuerte denn ein Gartenlokal an, wo auch die Pferde versorgt werden konnten. Da wurden die Pferde denn ausgespannt und untergestellt, dass sie Schatten hatten, kriegten Futter und Wasser, und denn konnten sie sich ausruhen.
Wir trafen uns da immer mit Hafers, also Onkel Emil von der Mühle, Tante Klara und ihre Adoptiv-Tochter Lene Witte. Und dann war das genauso wie in Berlin. ‚Hier können Familien Kaffee trinken' stand auf einem Schild. Da konnte man sich sein Essen selbst mitbringen und brauchte nur Getränke zu bestellen. Vater und Onkel Emil haben denn ein Bier nach dem anderen gezischt, die Frauen tranken Kaffee, und wir Kinder kriegten eine rote oder grüne Selters, nich.
Dann schön Kartoffelsalat gegessen und hinterher noch Mutters Nonnenseufzer (Schmalzgebäck) schön in Zucker gewälzt, und Tante Klara hatte wieder ihren grünen ‚Bibberich' (Götterspeise) dabei. Da tauschte

ich immer mit Lene Witte Bibberich gegen Nonnenseufzer. Danach ging es denn los, ab zum Strand.
Wir vier Mädchen: Heidi, Irma, Lotte und ich, im Matrosenkleid weiß und blau. Und Ewald im Matrosenanzug. Da sahen wir aus wie die Orgelpfeifen. Immer gleich angezogen, das mochte ich gar nicht. Also ich hab' das gehasst! Lene Witte, die hatte natürlich ein schwarzweiß gestreiftes Matrosenkleid an, da war ich schon neidisch drauf. So eins wollte ich auch haben, lag ich Vater in den Ohren. Ich hab's denn auch gekriegt, etwas später irgendwann. Aber da waren dann schneeweiße modern! Da fand ich das Gestreifte blöd und hab's auch nicht angezogen!
Am Strand liefen alle Kinder bis sechs Jahre nackt herum. Wir hatten natürlich einen Badeanzug, nich!
Mutter hatte uns noch einmal ermahnt: »Wasser hat keine Balken! Also geht nicht so weit rein!«
Da haben wir nur so im Wasser rum geplanscht und im Sand gebuddelt, Burgen gebaut und so.
Aber ich musste immer aufpassen, dass mir die anderen nicht durch die Lappen gingen. Die hatten doch nüscht weiter im Kopf, als mich abzuhängen. Ich weiß nicht, wie die das eigentlich machten?
Mit einmal waren sie weg. Die hatten immer einen anderen Trick auf Lager!
Denn sind sie mit der Fähre rüber zu den Kuttern. Mit denen konnte man raus fahren zum Fischen – gegen Geld natürlich. Na, denn fuhren meine Geschwister alle raus auf See, und ich saß da mit meinen Eltern. Meine Schwester Lotte war ja auch bloß anderthalb Jahre älter als ich, aber die musste ja mit den Großen. Ab, weg war sie. Ich hatte so eine Wut, ich hätt' kön-

nen platzen! Hinterher lachten sie mich wieder aus.
‚Ach, da hängt sie ja wieder an Vaters Arm und hüpft rum!' Was sollte ich machen?
Allein im Sand buddeln?
Nee, da hing ich mich doch lieber wieder an Vater ran! Der krempelte sich dann die Hosen hoch und ist mit mir im Wasser herumgestakst; und nachher sind wir denn beide mit der Fähre rüber gefahren zur Strandpromenade. Da flanierten denn die feinen Damen mit ihren Kalabresern (Hüten) und langen Kleidern, und überall spielte die Musik. Vater hatte seine Spendierhosen an – wollte mich wohl trösten – und sagte:
»Na Nutken, willsten Eis?«
Also ich, in meiner Wut, hab' ein Eis nach dem anderen rein, bis mir schlecht war.
Aber einmal, da ist so ein Unwetter aufgezogen, dass der Kutter mit meinen Geschwistern fast nicht mehr in den Hafen reingekommen ist. Und die Eltern nu in heller Aufregung! Aber ich dachte: Das hamse jetzt davon! Das geschieht denen ganz recht, wennse absaufen! So eine Wut hatte ich auf die!
Naja jedenfalls, hatten sie alle grüne Gesichter, als sie wiederkamen! Das hat mich denn so richtig gefreut!

Minna Ross

Wir hatten zwei Dienstmädchen, die arbeiteten bei uns für freie Kost und Logis und dreißig Mark im Monat. Das war das Übliche damals. Meist haben sie das ganze Geld gespart für ihre Aussteuer. Und an Weihnachten kriegten sie noch ein Paket Wäsche dazu. Die arbeiteten überall, wo sie gebraucht wurden: im Haus,

im Garten, auf dem Feld bei der Ernte und auch im Stall, füttern und melken und so. Wenn denn eine Kuh besonders gut gepflegt war und einen hohen Preis beim Verkauf erzielte, kriegten sie von Vater drei Mark extra als Schwanzgeld. So nannte man das damals. Minna Ross war auch Dienstmädchen bei uns. Und die sang immer so schöne Küchenlieder beim Melken. Denn saß ich oft bei ihr im Kuhstall auf einer kleinen Fußbank. Aber Melken wollte ich nicht lernen. Das wäre doch so gewesen: Wenn denn mal kein anderer da gewesen wäre, hätte ich ran gemusst. Außerdem, ich mochte die Zitzen nicht anfassen Die waren mir widerlich. Nee, ich wollte bloß die Lieder so gern hören. Minna sang immer so schön mit Schleife!
Frag ich: »Minna, singste mir wieder was vor?«
Sagt sie: »Nee, nur wenn du mich den Kuhschwanz festhalten tust!« Im Sommer gab es ja viele Fliegen im Stall, und die Kühe schlugen die immer mit dem Schwanz weg. Da kriegte Minna ab und zu eine gewischt, wenn sie am Melkeimer saß.
Also ich hätte doch den Kuhschwanz nicht angefasst! Aber ich war ja erfinderisch!
Da bin ich denn in die Wurstküche, hab ich Wurstband geholt und zu Minna gesagt: »Nu haste Wurstband, da kannste den Kuhschwanz mit festbinden.«
Na, denn hat Minna den Schwanz der Kuh ans Bein gebunden und weiter gemolken – den Kopf so an den Bauch der Kuh gelehnt – und denn hat sie gesungen: »Holde Blu-hum der Männertreu«, oder sie sang: »Mariechen saß weinend im Jarten, im Jrase da schlu-hummert ihr Kind.«
Dazu summten denn die Fliegen, und ab und zu

brummte eine Kuh, und im Eimer ging 's immer, strip, strap, strull, und dann der Geruch vom Kuhstall.
Ich mochte das!
Aber der Geruch vom Pferdestall war mir noch lieber!

Kühe hüten

Jedenfalls, melken musste ich ja nicht, aber Kühe hüten. Einen Sommer hatten wir keinen Hütejungen gekriegt, und da musste ich denn mit den Kühen auf die Weide. Ich nahm unseren Mischlingshund mit – wir hatten ja immer eine Menge Hunde auf dem Hof – da war der Lord, ein Dobermann, der gehörte Ewald, und der Lindo, ein schneeweißer schottischer Schäferhund und noch ein deutscher Schäferhund, später noch ein Boxer, der Box, und zwei Dackel, naja, jedenfalls immer mehrere Hunde auf dem Hof – und dieser Mischlingshund war darauf abgerichtet, Kühe zu treiben. Da hab ich mit dem eben unsere Kühe auf die Weide getrieben. Und da kamen immer so Arbeiter vorbei. Wenn eine Kuh dann bullte, denn riefen die von der Straße so rüber:
»Na Traute, was macht die Kuh denn da?«
Na, die Kuh ist auf eine andere Kuh rauf gestiegen, wollt' eben zum Bullen, nich. Das hat mich denn geniert, obwohl ich gar nicht wusste, was los war. Ich merkte bloß, dass das irgendwas Peinliches sein musste. – Denn hatte ich einen Treiberstock mit. Das war ein Bullenpeeser. So hieß der. Ich wusste aber nicht, dass das das Geschlechtsteil vom Bullen war. Das war langgezogen worden wie ein Säbel und denn getrocknet. Das war so hart wie Gummi. Damit hab

ich die Kühe denn geflammt (gehauen), wenn sie nicht so wollten wie ich. Also wenn ich gewusst hätte, was ich da in der Hand halte, das hätte ich doch in hohem Bogen weggeschmissen und nicht mehr angefasst! Da fragten die Männer denn immer:
»Na, was hast du denn da für einen Stock, Traute?«
Sag ich: »Na, das ist ein Bullenpeeser!«
Und denn lachten die. Ich wusste gar nicht, was die da lachten. Ein Bullenpeeser war eben ein Bullenpeeser für mich. Jedenfalls, das war mir alles unangenehm, und am liebsten wäre ich gleich nach Hause. Aber ich sollte ja jeden Tag mindestens bis fünf Uhr Nachmittag mit den Kühen auf der Weide bleiben.
Eine Kuh war dabei, die rannte immer so gerne weg. Da hab ich die schon um Viere laufen lassen in Richtung Heimat, und denn den Hund auf die anderen Kühe gehetzt, dass sie alle hinterher laufen. Vater hat geschimpft, weil ich so früh kam, aber ich sag:
»Was kann ich denn dafür? Die sind mir wieder abgehauen.«
Als denn diese Wiese abgegrast war, musste ich die Kühe auf eine andere Weide bringen. Die war ganz in der Nähe vom Flughafen, bloß durch so einen Weg vom Rollfeld getrennt. Und da war überhaupt nüscht los! Kein Mensch zu sehen, nur dieses Rollfeld – aber bloß für kleinere Maschinen, nich.
Also da habe ich denn die Herta Schramm mit gelotst so zur Unterhaltung. Wir lagen auf der Wiese, guckten in den Himmel und spielten Wolkenraten. Das war interessant. Die Wolken kriegen ja immer eine andere Form. Mal war es ein Krokodil, mal ein Hund oder mal ein Gesicht oder so was; wir entwickelten da eine

blühende Phantasie! Na also jedenfalls, wir uns nicht weiter um die Kühe gekümmert und geraten und geraten, bis wir genug hatten. Da waren unsere Kühe aber denn schon über den Weg zum Flughafen marschiert! Die standen da gemütlich und grasten am Rollfeld. Und der blöde Hund hatte die ganze Zeit neben uns gelegen und nüscht gemerkt.
Wir kriegten vielleicht einen Schreck!
Wenn jetzt ein Flugzeug kommt! Und Herta sagt:
»Mensch, Traute, schick bloß schnell den Hund hinterher!«
Ich sag: »Du bist wohl? Der jagt die noch über das ganze Rollfeld!«
Denn ließen wir den Hund Platz machen, und Herta und ich, wir sind beide los, rauf auf dieses Rollfeld, und denn haben wir die Kühe zurückgetrieben. Wir hatten ja noch die Hosen voll vor Angst, dass da eventuell doch noch so ein Flugzeug landet.
Diese blöden Kühe!
Zum Glück musste ich aber nur diesen einen Sommer Kühe hüten. Das hat mir auch gelangt!

Die Maus

Manchmal, wenn er abgeladen war und nicht mehr gebraucht wurde, oder die Remise voll war, dann stand der Leiterwagen auf dem Hof. Da gab's ein schönes Spiel. Irgendeiner hatte das erfunden. Es war ein selbst ausgedachtes Spiel.
Meist waren mehrere Kinder da – von Treptows Hof und von Hellwigs Hof – umso mehr es waren, desto besser war 's. Denn saß einer unterm Wagen und

spielte den Wolf, und die anderen rannten alle auf dem Wagen hin und her. Der Wolf klopfte dann von unten an den Wagen und sagte:
»Buller, buller unnerm Wogen!«
Und wir anderen sagten:
»Wer bullert da? Wer bullert da?«
»Der Wolf! Der Wolf!«
»Wat will hei denn? Wat will hei denn?«
»Kleene Kinners fretten!"
»Kleene Kinners kricht hei nich!«
Denn sagte der Wolf: »Ich kumm! Ich kumm!«
Denn riefen wir: »Der Wolf! Der Wolf!«
Und alles schrie und raste durcheinander auf dem Wagen. Und wen der Wolf erwischte durch die Sprossen von dem Leiterwagen – egal ob an der Schürze, am Bein, an der Hose, egal – der musste dann Wolf sein. Und denn ging's wieder los! Manchmal ließ ich mich extra fangen. Ich war ganz gerne Wolf!
Hat Spaß gemacht!
Im Herbst, wenn die Ernte eingefahren war, spielten wir in der Scheune. Da sprangen wir denn immer vom Heuboden auf die Strohballen, die da unten gestapelt waren. Erst habe ich mich nicht getraut zu springen, da haben mir denn die anderen mit einem kleinen Schubs nachgeholfen. Dann fand ich das auch prima!
Wir sind da den ganzen Nachmittag hoch und runter, hoch und runter, mit Begeisterung.
Das war toll!
Wir hatten auch mal eine Schaukel ganz oben am Balken festgemacht. Da mussten wir die Leiter nehmen, um da rauf zu kommen. Dann konnte man aber ordentlich hoch schaukeln. Das ging wie geschmiert! Na

jedenfalls, dann kam der Wachtmeister Kolbe, Lottes Pate, und hat uns oben schaukeln sehen.
Der hat geschimpft:
»Ihr seid wohl verrückt geworden, ihr Lorbasse! Da könnt ihr euch ja zu Tode stürzen! Sofort runter da!«
Da war 's denn ja aus mit der Schaukelei!
Die Schaukel wurde gleich abgemacht!
Oder wir spielten Verstecken in der Scheune. Da sind wir ins Heu rein gekrochen und haben uns ganz zugedeckt damit, dass nichts mehr zu sehen war von uns. Einmal war auch die Frieda Domke dabei. Und da ist ihr eine Maus oben ins Hemd rein. Also die Domke kam aus dem Heu raus und hat geschrien und hat geschrien und herumgehüpft und gezappelt wie wild und kriegt die Maus nicht raus. Wir haben gebrüllt vor Lachen! Schließlich sagt Heidi: »Mensch, du Dussel, zieh doch deine Schlüpfer aus, dass die Maus rauskann!«
Na, das hat Frieda dann auch gemacht, und da konnte die Maus weg! Ich weiß ja nicht, wer mehr Angst gehabt hat, sie oder die Maus?
Naja, das sind so Erinnerungen! Aber die vergisst man eigentlich nicht. Da sieht man erst, wie schön seine Kindheit gewesen ist! Ohne, dass man groß, wer weiß was, gehabt hat. Wir hatten aber noch viel Spielsachen im Vergleich zu anderen Kindern. Trotzdem haben wir lieber draußen gespielt.
Schön war es immer abends, wenn wir Räuber und Ritter gespielt haben. Das war so gruselig!
Einer ging dann und hat sich versteckt. Das war der Räuber. Wir anderen gingen immer so die Straße auf und ab und sagten: »Die Uhr ist acht! Er kommt noch

nicht! Die Uhr wird neun! Er kommt noch nicht!
Die Uhr wird zehn! Er kommt noch nicht!
Die Uhr wird elf! Er kommt noch nicht!
Die Uhr ist zwölf! Er kommt! Er kommt!«
Und dann wusste man nicht, wo er herkam. Ach, dieses Gefühl, gleich packt dich einer von hinten – und dunkel war es – oh, das war richtig spannend!
Bloß manchmal haben wir das übertrieben. Da wurde die Zeit zu spät. Mutter schickte dann den Lehrling, er soll mal suchen, wo die Marjellen sind!
Denn mussten wir nach Hause. Haben wir uns noch beeilt, dass Vater nichts spitz kriegt davon. Sonst hätte er geschimpft.
Wenn der dann geschimpft hat, sagten wir immer:
»Dicke Luft! Zeus donnert!«

Nie mehr vor Weihnachten

Vater war genauso neugierig wie ich, und da haben wir uns gegenseitig verraten, was wir zu Weihnachten kriegten. Er zeigte mir denn, wo meine Geschenke versteckt waren, dass ich heimlich mal nachsehen konnte. Und ich sagte ihm, was die anderen für ihn hatten, und wo es versteckt war.
Aber einmal, so vierzehn Tage vor Weihnachten, hatten Lotte und ich Krach mit ihm. Ich weiß gar nicht mehr, hatte er uns was verboten oder was?
Naja, jedenfalls hat Lotte gesagt:
»Also mit dem reden wir kein Wort mehr!«
Da waren wir denn beide bockig und haben das durchgehalten. Keine von uns sprach mit ihm ein Wort bis Heilig Abend. Aber den Wunschzettel abgegeben hat-

ten wir trotzdem.

Am Heilig Abend denn schmückten Vater und Mutter immer den Baum. Da mussten wir Kinder und auch die Mägde und Knechte draußen warten, bis Vater uns ins Wohnzimmer rief. Er klingelte denn mit so einem Silberglöckchen und machte die Tür auf. Wie wir rein kamen, brannten die Lichter so schön am Weihnachtsbaum, die Geschenke waren alle mit einem weißen Laken zugedeckt, und Ewald spielte Klavier.

Da haben wir denn Weihnachtslieder gesungen und zum Schluss ‚Stille Nacht, Heilige Nacht'. Denn wir brav unsere Gedichte aufgesagt, und die Mägde und Knechte auch alle noch herum gestottert – die mussten auch immer was aufsagen – und denn war es soweit! Die Bescherung fing an. Das weiße Laken wurde abgenommen. Na, Lotte und ich freuten uns schon auf die Puppen und Puppenwagen, die wir bestellt hatten.

Wir haben gesucht und gesucht. Haben aber nichts gefunden. Wir konnten das gar nicht glauben, aber für uns war nichts dabei!

Wir hatten bloß einen bunten Teller.

Da kullerten uns denn doch die Tränen, aber Vater sagte: »Bockige Kinder, die mit ihrem Vater kein Wort mehr sprechen, kriegen eben zu Weihnachten nüscht. Das ist nun mal so!«

Im Nullkommanichts saßen wir beide bei ihm auf dem Schoß und haben uns entschuldigt. Er sollte doch wieder gut sein, und so was machen wir nie wieder, haben wir ihm versprochen. Na, schön, er wäre wieder gut, hat er gesagt. Nu, dachten wir, nu würde er die Geschenke endlich rausrücken. Aber da dachten wir falsch! Da haben wir umsonst gelauert, es gab nüscht

für uns an Heilig Abend. Erst am nächsten Morgen, als wir uns schon damit abgefunden hatten, nüscht zu kriegen, sagt Vater so: »Na, ich würde an eurer Stelle doch noch mal nachsehen unterm Weihnachtsbaum.«
Und da standen die Geschenke alle, die wir uns gewünscht hatten! Das war uns aber eine Lehre!
Da passten wir in Zukunft auf und vor Weihnachten waren wir die reinsten Engel.
Das war Erziehung!

Frechheiten

An und für sich war unser Leben schön frei!
Aber wir kannten unsere Grenzen. Wir wussten genau, das darf man, das darf man nicht.
So muss es auch sein, nich!
Aber dass wir nu dauernd gegängelt wurden? Nee!
Weiter was wie Backpfeifen hat Mutter nicht verteilt.
Ich hab eigentlich, glaub ich, kaum eine gekriegt.
Ich war aber manchmal auch frech! So mit vierzehn habe ich mal zu ihr gesagt: »Das verstehst du doch überhaupt gar nicht, du bist doch schon verkalkt!«
Ja, so frech war ich.
Da hätte ich schon eine Backpfeife verdient, aber Mutter hat mich denn bloß so angeguckt. Da hab ich mich geschämt. Aber entschuldigen konnte ich mich nicht. Das habe ich einfach nicht fertiggebracht!
Ich muss immer denken, wenn ich so wütend war, denn bin ich die Treppe hoch, hab die Tür von unserem Mädchenzimmer weit auf und dann aber ran gedonnert, dass das ganze Haus zitterte. Wir waren ja alle keine Engel, das ist wahr. Aber was meine

Schwester Irma sich immer geleistet hat, das war schon unmöglich. Sie war so ein richtiges Biest!
Da hat sie mal alle Strümpfe, die sie finden konnte, verbrannt. Und einmal alles Besteck einfach rein in den Ofen. Aus Trotz oder aus Wut? Ich weiß auch nicht! Irma fühlte sich ja immer benachteiligt, nich.
Einmal hat Mutter gesagt: »Irma, du musst noch den Hunden zu fressen geben."
Irma gab eine freche Antwort und ‚batsch' hatte sie eine weg. Mutter ist eben die Hand ausgerutscht!
Und Irma, die hat gerade so eine große Platte mit Wurst raus getragen vom Zimmer vorne. Da ließ sie sie einfach absichtlich fallen – diese ganze Platte mit der ganzen Wurst! Und denn sagt sie:
»So, nu können die Hunde fressen!«
Und denn war es ja immer so, denn rannte sie weg.
Sie wusste natürlich, dass sie was gemacht hatte, was sie nicht durfte!

Geburtstagsständchen

Also Geburtstage, die mochte ich nicht, die waren mir immer nur lästig.
Ewald war ja so ein Familienmensch. Und da hat er uns schon um Fünfe geweckt und aus den Betten geschmissen, wenn Vater oder Mutter Geburtstag hatten. Denn mussten wir alle runter und denen ein Ständchen bringen. Singen. Na, Heidi ja nicht, die stand bloß so dabei. Sie konnte die Melodie nicht halten. Das wäre unmöglich gewesen. Da wäre ja gar nüscht bei raus gekommen. Mutter mochte dieses Lied immer so gerne: ‚Einen goldenen Wanderstab ich in meinen

Händen hab'. Na, da haben wir das denn immer gesungen und bei Vater denn einen Choral.
Und dann kriegten sie von uns allen einen Kuss.
Einmal im Jahr haben sie von uns einen Kuss gekriegt. Das war 's dann! Bei uns war das sonst nicht so üblich. Später, als Großvater denn bei uns war, haben wir dem auch was singen müssen. Aber einen Kuss gaben wir ihm nicht. Soweit hat Ewald uns denn doch nicht gekriegt!

Ostern

Am Ostersonntag standen die Mädchen immer um vier Uhr morgens auf und holten Osterwasser. Da sollte man ja schön bleiben von. Das musste aber denn vor Sonnenaufgang geholt werden aus dem Kösterbach – nicht aus der Leitung!
Und die Jungs, die wussten das. Die passten denn immer auf, wenn die Mädchen kamen. Man muss ja ganz still mit dem Wasser bis nach Hause gehen, sonst wirkt es nicht auf die Schönheit. Sonst wird es Schladderwasser. Schladdern ist ja Quatschen. Und wenn einer gar nicht aufhören wollte zu reden, denn sagte man: »Na, der hat wohl Schladderwasser gesoffen!«
Jedenfalls, wenn man denn mit dem Osterwasser ankam, haben die Jungs solange Blödsinn gemacht, bis man lachen musste. Da war es denn nur noch Schladderwasser. Wenn man nur einen Ton von sich gegeben hat, dann war 's ja aus und vorbei mit der Wirkung vom Osterwasser.
Also ich hab das ja meist verschlafen!
Na, viel schöner hätte ich eh nicht werden können.

Da sah ich denn keine zwingende Notwendigkeit, so früh aufzustehen.

Aber was mir als Kind so richtig Spaß gemacht hat, war das Osterstiepen. Da wurden schon drei Wochen vorher Zweige für die Osterruten geschnitten und in die Vase gestellt. Mussten aber immer Birkenzweige sein, nich. Die haben wir dann in die Küche, weil da Dampf war, an den Backofen gestellt. Und dann gingen die alle auf, kriegten grüne Blättchen und denn wurden sie zu Ruten zusammengebunden, dass da jeder eine hatte am Ostersonntag. Damit konnte man denn alle verdreschen, die keine Ostereier hatten.

Das war überall so an Ostern! Als Kind ging man überall früh morgens, wenn alles noch im Bett lag, mit der Rute herum und hat, wen man wollte, verdroschen. Denn rief man: »Stiep, stiep, Osterei, gibst du mir kein Osterei, stiep ich dir das Hemd entzwei!«

Und wenn der keins hatte, dann immer gib ihm feste! Wir hauten ja meist nur so aufs Bettdeck, aber man konnte natürlich auch anders, nich.

Nebenan bei Kolbes war der Schleedermann zu Besuch, als Dauergast sozusagen. Der war an Weihnachten gekommen, und an Ostern war er immer noch da. Jedenfalls, der gab Musikunterricht.

Und Ewald und Heidi haben bei ihm gelernt. Ewald lernte Geige. Das war das reinste Katzenkonzert. Da waren aber keine Ratten oder Mäuse mehr im Haus, so wie Ewald auf der Geige herum gequietscht hat. Aber er hat immer tapfer weiter geübt! Und Heidi musste Klavierspielen lernen. Na, für Heidi war das gerade das richtige Instrument, die konnte so oder so

nicht – die brachte alles aus dem Takt, weil sie unmusikalisch war. Also für sie war es eine regelrechte Quälerei, weil sie Klavier üben musste, obwohl sie nicht konnte. Und sie hat sich solch eine Mühe gegeben!
Da hatte sie so eine Wut auf den Schleedermann, dass sie sich vorgenommen hat, na, der kriegt an Ostern aber Dresche! Und Irma kam das gerade recht!
An Ostersonntag sind die beiden denn hin zu Kolbes und rein mit ihren Osterruten ins Zimmer vom Schleedermann. Denn haben sie ihm das Bettdeck weggezogen – und der trug ja ein Nachthemd – und dann immer feste auf die Beine!
‚Stiep, stiep Osterei! Stiep, stiep Osterei!'
Aber der Schleedermann hatte keine Ostereier! Und der hat denn immer gerufen, aufhören, aufhören, sie sollen aufhören!
Denn ist Frau Kolbe gekommen und hat gesagt:
»Hier Mädchen, ich hab hier für euch Ostereier!«
Die hätten sonst noch nicht aufgehört!
»Bloß«, sagten sie, »weil Frau Kolbe jetzt kam.«
Also Irma und Heidi hätten den Schleedermann gerne noch weiter verdroschen.

Lokführer

Vor den Festen wurde bei uns immer Großputz gemacht. Da kamen extra zwei Frauen, Anna Boll und Frau Adler, aus dem Dorf zum Helfen. Die Zimmer wurden denn alle leer geräumt, soweit es ging. Und die Tische und Stühle standen denn auf dem Hof.
Heidi und Irma haben schon mithelfen müssen, aber

Lotte und ich nicht.
Wir waren bloß wieder überall im Weg!
Da kam uns die Idee, wir könnten doch Zug spielen mit den Stühlen im Hof. Zwei vorne hin, das war die Lokomotive – Lotte war natürlich der Lokführer – denn unsere Puppen auf die anderen Stühle, und ich war der Schaffner. Da haben wir schön gespielt so.
Das ging auch alles ganz prima, bis ich denn auch mal Lokführer sein wollte. Lotte dachte aber gar nicht daran, ihren schönen Posten aufzugeben, und sagte:
»Nee! Das kommt überhaupt nicht in Frage!«
Und ich wütend: »Dann hau ich dir mit dem Feuerhaken ein Loch in Kopf!«
Da stellt die sich hin und lacht mich einfach aus!
»Hau doch! Hau doch!«
Na, denn ich in die Küche und den Feuerhaken geholt. Hab ich sie noch mal extra gefragt: »Also was is nu? Willst du nu eins über, oder lässt du mich auch mal Lokführer sein?«
Wie ich nu mit dem Feuerhaken vor ihr rumfuchtele, hat sie wieder bloß gelacht! »Du? Lokführer? Nee!«
Na, da blieb mir doch nüscht übrig! Und ‚peng' hab ich ihr ordentlich eine gebruscht (gehauen)! Das Blut spritzte nur so! Nu war das Geschrei groß, und Mutter kam gleich angerannt. »Was ist los, was ist los?«
Lotte, blutüberströmt, konnte vor lauter Schreien gar nichts sagen. Und ich sag: »Sie ist selber Schuld! Sie hat doch das Loch gewollt.«
Mutter dreht sich um und haut mir den Hintern voll, aber feste! Na, das war doch ungerecht, nich!
Finde ich heute noch! Lotte hatte doch selber Schuld!
Was ließ sie mich auch nicht Lokführer sein!

Ein paar Tage lang war ich dann Luft für meine Schwester. Na, das legte sich zum Glück wieder.
Aber nachgetragen hat sie mir das bis ins hohe Alter!

Rein in die Buchsbaumhecke

Einmal hat mich auch Vater verdroschen während des Mittagsessens. Er war wohl ein bisschen schwach mit den Nerven, nich. Jedenfalls war das so: Da hatte ich gemeckert, ich hätte zu viel Suppe und die anderen hätten viel weniger. Und Heidi hätte mir extra soviel, und ich esse das nicht auf! Und immer so herum gemäkelt und gemäkelt. Mit einmal – ich wusste gar nicht, wie mir geschah – hat Vater mich übers Knie gelegt und mir den Hintern versohlt. Vater sind einfach die Nerven durchgegangen. Und dann nahm er mich und sperrte mich ins ‚Gute' Zimmer.
Da war so eine lange Tafel. Da aßen wir immer bloß, wenn eine große Feier und Besuch war. Naja, jedenfalls kriegte ich dann meine Suppe dahin gestellt, Fleisch, Kartoffeln, Gemüse und den Nachtisch. Denn sagte Vater: »Und du bleibst jetzt solange hier drin, bis du alles aufgegessen hast!«
So, nu saß ich da, allein an dieser Riesentafel. Na, da habe ich mich umgeguckt – ins Klavier, da wollte ich die Suppe nicht rein – denn das Fenster aufgemacht, und da war unter dem Fenster eine Buchsbaumhecke. Da hab ich die Suppe denn rein geschüttet und das andere aufgegessen. Nach einer Weile kommt Vater rein – nachsehen. Hat er sich gefreut.
»Na«, sagt er, »warum nicht gleich so?«
»Ja, Papa«, hab ich gesagt, »warum nicht gleich so?«

Der tollwütige Hund

Vater hatte uns gewarnt!
Wir sollten aufpassen, denn da wäre ein tollwütiger Hund in der Gegend aufgetaucht. Wenn wir den sähen, sollten wir sofort weglaufen!
Na, Lotte und ich: ein Ohr rein – ein Ohr raus!
Da saßen wir hinter der Scheune und haben mit einem Stöckchen Figuren in den Sand gemalt und gegenseitig geraten, was das darstellen sollte. Mit mal reckt sich Lotte so hoch im Sitzen, springt auf und schreit: »Traute! Traute! Da kommt der tollwütige Hund!«
Ich dachte noch erst, sie wollte mich veralbern, aber denn kam mir das doch ernst vor. Ich hoch! Ich guck!
Da kommt von Brunkes her, da wo das Bahnwärterhäuschen war, ein Hund an zu rennen. Je näher er kommt, je schrecklicher sieht er aus! Zunge so raus, Geifer und Schaum vorm Maul. Wir los, wie von der Tarantel gestochen, rein in den Hof, Tor zugemacht und geschrien: »Papa! Papa! Der tollwütige Hund!«
Vater kam raus, ist in die Scheune und hat durch ein Astloch geguckt. Aber unsere Hunde waren sich da schon mit dem anderen am beißen! Da hat Vater sein Gewehr geholt und den tollwütigen Hund erschossen.
Und Ewald hat so geweint! Sein Lord hatte was abgekriegt, und da musste Vater den auch noch erschießen. Und das war so ein edles Tier!
Ein pechschwarzer Dobermann! Ewald hat geflennt!
Unser Lindo hatte nicht so viel abgekriegt. Er hatte so ein dickes Fell. Außerdem hatte er gerade Junge gekriegt – er war ja ein Weibchen, nich!
Da haben sie gesagt, die Jungen saugen das Gift alles

ab. Deswegen konnte unser Lindo am Leben bleiben, aber die Jungen mussten nachher alle getötet werden. Also der Lindo hat das gut überstanden. Der starb nachher an Altersschwäche.
Und es war wirklich der tollwütige Hund gewesen! Das stand einwandfrei fest. Vater hat ihm nämlich den Kopf abgeschnitten und eingeschickt ins Institut nach Berlin. Also wenn der uns gebissen hätte, dann wäre es aus gewesen mit uns!

Der knochenlose Ernst

In der Schule bin ich immer aufgefallen. Ich wollte das gar nicht, aber ich fiel immer auf.
Ich weiß auch nicht.
Wir hatten einen Zeichenlehrer, der hieß Ernst Keller. Das war so ein langes, schlaksiges Gestell. Den nannten wir immer nur den knochenlosen Ernst.
Denn sitzen wir mal im Zeichensaal, und ich sag so zu Anni Musch – die saß ja meistens neben mir – sag ich so zu ihr: »Na, der knochenlose Ernst lässt aber heute lange auf sich warten!«
Die räuspert sich so und verdreht die Augen. Und ich frag: »Na, was ist? Findest du nicht auch?«
Und da sagt eine tiefe Stimme hinter mir:
»Der knochenlose Ernst ist schon da, Traute!«
Da stand der doch die ganze Zeit schon hinter mir.
Also wenn da wäre ein Mauseloch gewesen, ich wäre da rein!

Ich bin geimpft

Unser Musiklehrer Siegel war mehr so ein scharfer Hund. Bei dem mussten wir immer Notenschreiben. Denn fragte er: »Wer hat die Aufgaben nicht? Aufzeigen!« Da wussten wir schon Bescheid!
Er ging dann durch die Reihen, und wer die Noten nicht geschrieben hatte und aufzeigte, den haute er mit dem Rohrstock so seitlich an den Arm. Aber feste! Das tat ordentlich weh!
Ich also auch brav den Arm hoch. Und als ich denn an der Reihe war, und er mich hauen wollte, sag ich so:
»Nee, nee, Herr Lehrer, das dürfen Sie nicht! Ich bin gerade geimpft worden!« (Und das stimmte auch!)
Und er: »Welcher Arm?«
Sag ich: »Nee, das sage ich nicht!«
»Rechts oder links?«
»Nee, das sag ich nicht! Aber es ist in jedem Fall der Arm, den Sie hauen wollen«"
Da dreht er sich so weg. Heute glaube ich, er hat müssen grinsen oder was. Naja jedenfalls, ich bin so davon gekommen. Er hörte dann auf zu hauen.

Klitschnass

Ja, und wenn es denn morgens mal geregnet hat, dann Lotte und ich, stellten wir uns hin, bis wir richtig schön nass waren. Und ab nach Hause.
Mutter schrieb dann eine Entschuldigung:
‚Wegen des schlechten Wetters und so weiter…'
Aber einmal wollt' und wollte es nicht so richtig regnen. Das nieselte nur immer so ein bisschen. Wir aber

trotzdem nach Haus. Und – oh, Schreck – da ist Vater da und sagt: «Was macht ihr denn hier? Warum seid ihr nicht in der Schule?»
Und wir ganz empört: »Aber wir sind doch klitschnass!«
»Ich werd euch! – Ab in die Schule mit euch!«
Wir nu ohne Entschuldigung. Da mussten wir uns was ausdenken. Lotte hat gesagt, Tante Martha liegt im Sterben. (Aber Tante Martha war gesund und starb erst Jahre später.)
Und ich sag: »Ach, mir war ja heute Morgen so schlecht. Aber dann wurde mir besser, und da wollte ich die letzten zwei Stunden noch mitnehmen.«
Das muss man sich mal vorstellen: Ich wollt' die letzten zwei Stunden noch mitnehmen! So ein Quatsch! Statt dass man sich abspricht! Na, nachgehakt haben sie Gott sei Dank nicht. Nee, das wäre noch so ein Ding gewesen!

Mangelhaft

In Mathe war ich eine Null. Aber Lotte, die konnte fix rechnen. Sag ich zu ihr: »Mensch, Lotte, du hast doch das Rechnen schon gehabt. Wie geht denn das, ich kapier das nicht!«
Hat sie gesagt: »Na, dann musst du eben besser aufpassen!« Fertig!
Ich hab die Rechenarbeit denn so richtig verhauen – mangelhaft oder was. Und die sollte ich unterschreiben lassen vom Vater. Und ich hab mich gequält und gequält! Das lag wie ein Stein auf mir die ganze Zeit! Ich hab das nicht fertig gebracht. Da hab ich schon

Vaters Schriftzug geübt, aber das klappte nicht. Ich hab das raus geschoben, bis es gar nicht mehr ging. Am Sonnabend musste ich nu das Heft vorlegen – wir hatten damals ja noch sonnabends Schule, nich! – Also bin ich besonders früh aufgestanden und zum Markt gegangen, weil Vater immer sonnabends Wurst und Fleisch da am Stand verkaufte.
Als mein Vater mich sieht, freut er sich. Sagt er: »Na, Nutken, was machst du denn so früh auf dem Markt?«
Ich so rumgedruckst und ihm das Heft vorgezeigt. Ich war ja auf einiges gefasst! Na, was wird er wohl jetzt dazu sagen? Ich schul (schiel) so vorsichtig hoch zu ihm. Da nimmt er das Heft, blättert es um, holt den Stift raus, unterschreibt und sagt:
»Na, wenn das alles ist?«
Und mit einem Federstrich fiel diese ganze Last von mir. Und ich die ganze Woche dran rumgeschleppt! Denn hebt er mich hoch in die Luft und sagt:
»So, und nu kaufen wir dir was Schönes!«
Er nimmt mich an die Hand und geht mit mir zu ‚Geschwister Münch' gegenüber vom Markt. Und das war ein ganz dolles Süßwarengeschäft!
»So«, sagt er, »und nu kannst du dir aussuchen, was du willst!«
Das werde ich mein Leben lang nicht vergessen!
Ich war denn ganz bescheiden und habe mir nur Schokoladennussbruch gewünscht.
Aber deswegen habe ich mir später auch vorgenommen, dass meine Kinder auch keine Angst vor mir haben müssen wegen der Schule oder was.

Bismarck

Denn mit mal kam dies so auf mit dem Gruß in der Schule. Da gab es zwei Lager, die Sozialdemokraten und die Kommunisten. Die Kommunisten grüßten sich: ‚Heil Moskau!'
Und die Sozis: ‚Rot Front!'
Wenn die dann aufeinandertrafen, schrien die sich gegenseitig ihre Parolen an den Kopf und haben sich sogar gekloppt – manchmal. Dann ging ich mal nach Hause von der Schule, da kommt so eine dicke Frau mit ihrem fetten Mops anspaziert.
Der war so fett, der Bauch schleppte direkt auf der Erde. Und auf der anderen Straßenseite kommt Lene Kunze, die ‚rote Lene' an zu rennen, reißt die Faust hoch und brüllt einem anderen Mädchen entgegen: »Rot Front!«
Und das andere Mädchen – das kannte ich aber nicht – zurück gebrüllt: »Heil Moskau!«
Da sagt die Dicke zu ihrem fetten Mops:
»Komm, Bismarck, heb' schön das Beinchen!«
Also nee, das hat gepasst!

Heidi im Luisenbund

Heidi war ja die Älteste und hat viel arbeiten müssen. Sie hat uns ja sozusagen großgezogen, weil Vater und Mutter so ackern haben müssen. War ja noch alles im Aufbau nach dem ersten Weltkrieg. Heidi musste uns dann immer eine Schürze, so mit Rüschen und frisch gestärkt, zur Schule anziehen. Und ich wollt' und wollte das nicht! Und hin und her und geheult – das war immer ein Kampf! Schließlich bin ich schlauer geworden. Da hab ich die Schürze umgebunden und denn draußen hinter den Busch geschmissen. Und nach der Schule, ich sie wieder um. Dann war Ruhe! Das war doch viel besser, nich!

Damals waren die Mädchen ab vierzehn ja alle im Luisenbund, und die Jungs waren alle bei den Stahlhelmern. Ewald war auch da drin.

Der Luisenbund – und das weiß ja heute kein Mensch mehr – ging zurück auf Königin Luise, die Frau von Wilhelm III. Die hat erst gegen Napoleon intrigiert und nachher einen Kniefall vor ihm gemacht, dass er nicht alles verwüsten soll. Hat aber nicht viel gebracht. Na, jedenfalls war der Luisenbund nach dieser Königin Luise benannt worden.

Im Luisenbund da war es schön!

Da wurde gesungen und Reigen getanzt. Und die Tanzkostüme waren alle selbstgemacht. Einmal führten wir einen Schneeflockentanz vor. Da hatten wir alle an so langen Fäden Wattebäuschchen an den Rock genäht. Die sollten aber nu ordentlich fliegen wie die Schneeflocken. Und wir haben uns gedreht und gedreht, bis wir uns mit mal ganz verheddert hatten in diesen Fäden! Da konnten die sich im Publikum nicht mehr halten vor lachen! Und wir dann alle mit roten Köpfen irgendwie von der Bühne gestolpert!

Na, das war aber ein schöner Reinfall!

Manchmal luden wir auch die Stahlhelmer ein und haben mit denen getanzt – Volkstänze, Reigen und so – oder Spiele gemacht: ‚Stille Post' oder ‚Der Platz an meiner Rechten ist leer' und so was.

Denn beim Handarbeiten haben wir tüchtig geratscht, ganz Kublitz rauf und runter – nee, war schön!
Ich war ja schon ganz früh dabei. Da war ich noch zu jung, um Mitglied zu werden. Ich bin einfach mit meinen Schwestern mit gelatscht.
Wie Heidi da Theater mitgespielt hat im Luisenbund, da war ich ja noch ein Kind, aber ich weiß es noch ganz genau. Naja jedenfalls, Heidi hatte doch so ganz lange Zöpfe bis zum Hintern. Sie musste denn spielen, sie spendet ihr Haar eben für den Krieg sozusagen. War ja ein Kriegsstück noch vom ersten Weltkrieg. Heidi hat sich denn so ein Kopftuch über, und denn nahm sie eine Schere und spielte so, sie schneidet sich ihre Haare ab. Und denn musste sie so etwas Theatralisches sagen: »Die Haare für Volk und Vaterland!«
Da haben sie alle die Luft angehalten, als die Haare fielen. Sah aus wie echt, waren aber Haare vom Pferd, so ein Pferdeschwanz.
Ich hätte mich können totlachen!

Die Schwarze Lotte und Rotkäppchen

Mein Vater hat mir auch mal einen Pferdeschwanz geschenkt von der Schwarzen Lotte, meinem Lieblingspferd. Am Ostersonntag war das. Da lag ich mit Masern im Bett. Ich hatte Extrasüßigkeiten und zwei Osterhasen gekriegt. Zum Trost, weil ich krank war. Aber auch die Schwarze Lotte war todkrank zu der Zeit. Vater hatte schon alles versucht, um sie gesund zu machen. Er verstand ja sehr viel von Pferden. Aber er konnte nichts mehr machen. Also musste der Tierarzt her. Dr. Dilger kam auch – trotz Ostern!

Der hat denn noch alles versucht, aber auch umsonst.
Na, da musste die Schwarze Lotte denn eingeschläfert werden. Und ich hab geheult und geheult, also ich konnte mich gar nicht beruhigen. Und Vater sagt:
»Nu hör mal auf! Ich kauf dir auch ein neues Pferd oder ein Pony!« Da ging das Heulen erst richtig los!
»Nein, nein, nein! Das ist denn doch nicht meine Schwarze Lotte!«
Naja, denn dauert das ein Weilchen, da kommt Vater und bringt mir zwei schwarze Zöpfe, so mit roten Bändern geflochten. Sagt er:
»Hier! Zum Andenken an die Schwarze Lotte!«
Da hatte er ihr den Schwanz abgeschnitten und geflochten. Ich habe die Zöpfe auch aufbewahrt. Die sind denn noch mal ganz groß raus gekommen auf einem Maskenball. Jahre später!
Da war ich denn schon fünfzehn sowas, nich.
Das war der Maskenball, wo Lotte ein Kostüm als Rotkäppchen hatte – von Frau Wehnert gemacht. Aber da kam Kurt an und weg war meine Schwester!
Sagt sie großzügig: »Kannst das Kostüm haben!«
Ich mir nun dies Kostüm an, und unter der Kappe die zwei Zöpfe von der Schwarzen Lotte wie Affenschaukeln gemacht, und denn los! Vor Aufregung, nu auf diesen Maskenball, war mir ganz schwummerig und weiche Knie. Naja jedenfalls, ich los!
Da stehen zwei Männer vor dem Saal bei Langes und sagen: »Na, du Schöne, komm doch rein!«
Ich, einen knallroten Kopf, drei Bäume weiter und mich dahinter versteckt.
Da hat mich denn der Mut verlassen. Wie die Männer weg waren, bin ich denn mit dem Kostüm und den

Zöpfen vorbei geschlichen und ab nach Haus!
Na, doll hatte ich mich nicht amüsiert!

Die Judenkuhle

Eines Tages – das war wohl in den Sommerferien, glaub ich – da fuhren Lotte und ich mit Ewald und Vater nach Klein-Silkow zu Großvater .
Es gab was zu bereden wegen Tante Ida.
War mitten in der Woche, musste also was Wichtiges sein! Aber wir betrachteten das bloß als einen schönen Ausflug mit Pferd und Wagen. Erst über die Dörfer – und das rollte wieder so schön übers Kopfsteinpflaster – denn rein in den Wald, und denn kamen wir an der Judenkuhle vorbei. Immer wenn wir zu Großvater fuhren, mussten wir da dran vorbei. In dieser Kuhle da war einmal ein Toter aus dem Nachbarort gefunden worden. Und der war Jude. Seitdem hieß diese Kuhle eben Judenkuhle. Das war so ein unheimlicher Ort!
Und da gab es auch unheimliche Geschichten von. Vater musste die wieder und wieder erzählen.
»Papa, wie war das noch mal genau?«
Und Vater konnte ja erzählen! So richtig schön schaurig, dass man eine Gänsehaut kriegte. Jedenfalls erzählte er dann, dass der tote Jude zum Judenfriedhof gefahren werden sollte – ach, ich weiß gar nicht mehr, wie das Dorf hieß. Da hatten sie so ein Stück auf dem Friedhof abgetrennt für die Juden, wo sie denn ihre Toten begraben konnten. In Pommern auf dem Land gab es ja kaum Juden. In der Stadt schon. Aber in Kublitz, da wüsste ich nicht, dass da Juden gewohnt hätten – Na jedenfalls erzählte Vater, keiner wollte

den toten Juden weg fahren, und weil sich kein anderer fand, musste Großvater ihn denn dahin transportiert, wo dieser Friedhof war, in dieses Dorf. Weil Großvater war ja Förster in dem Wald. Und da hat er sich noch einen seiner Waldarbeitern mitgenommen. Mit denen sprach er ja denn immer pommersch Platt.
Sagt er: 'Willem, kumm du man mit!'
Na, begeistert war der Willem nicht! Also denn sind die beiden los zur Kuhle mit dem Pferdefuhrwerk, haben den Toten in ein Leichentuch rein und auf den Pferdewagen gelegt. Und wie sie denn so fahren, dreht sich der Willem immer wieder mal um und guckt nach der Leiche und Großvater sagt: 'Hei daut nüscht! Hei is all dot, Willem!'
Aber der Willem dreht sich wieder um und wieder um, und auf einmal brüllt er: 'Förster! Förster! De Leich steiht up! De Leich steiht up!'
Großvater wurde ärgerlich: 'Nu is äwwer nauch, Willem! Hei is dot!' Aber der Willem brüllt: 'Nee! Nee! Hei steiht up! Hei steiht up!', und mit einem Satz runter vom Wagen und in den Wald ausgebüxt.
Großvater guckt sich um – tatsächlich, der Tote in seinem Leichentuch richtet sich langsam hoch im Wagen. Aber ins Bockshorn jagen ließ sich Großvater von so was ja nicht! Unser Großvater doch nicht! Er hat dann angehalten und nachgesehen, was los war. Da hatte sich doch das Leichentuch ins Wagenrad verheddert und die Leiche allmählich hochgekurbelt!«
So, jedenfalls hat Vater das erzählt, nich.
Also dadurch kamen denn die Gerüchte auf, dass da nicht alles mit rechten Dingen zugegangen wäre. Und mit der Zeit wurde das denn immer mehr ausge-

schmückt. Denn wurde erzählt, in der Nacht tanzen in der Judenkuhle Irrlichter, die einen dann in die Irre führen. Und dass da schon manch einer nicht mehr herausgefunden hätte aus dem Wald. Und dass die denn alle umgekommen wären und ihre Geister nu da herum spukten jede Nacht. Und da wäre ein Stöhnen und Jammern – bei Vollmond immer.
Na wer weiß, wer da im Mondenschein gestöhnt und gejammert hat?
Aber die Pommern waren ja zu haben für Spuk und Geistergeschichten und Aberglauben. Mir lief es jedenfalls immer schön schauerlich über den Rücken, wenn wir da vorbeifuhren.

Emil Rachny hat verspielt

Na, wie wir denn ankamen bei Großvater, wurden wir gleich wieder weggeschickt.
»Nu geht man schön spielen!«
Wir sollten wohl nicht hören, was die Erwachsenen zu bereden hatten.
Aber bei Großvater da konnte man wirklich schön spielen! Lotte, das war ja so ein Klettermaxe, die wieder gleich rauf auf die Bäume. Ich ging aufs Klo. Wollte sehen, ob Großvater neue Bilder angeklebt hat. Er klebte alle Tierbilder aus seiner Jagdzeitung ‚Wild und Hund' ins Klo an die Wand. Da hatte man immer was zu gucken auf dem Klo.
Denn mit mal kam Lotte angepeest (gerannt) ganz empört! »Traute, komm wir hauen ab!«
Ich sag: »Was? Wieso denn?«
»Tante Ida hat gesagt, wir müssen nachher dem Emil

Rachny ‚Guten Tag' sagen. Und das machen wir nicht! Lieber hauen wir ab und gehen zu Fuß nach Haus!«
»Ja, aber an der Judenkuhle geh ich nicht vorbei!«
»Haste etwa Angst?«
»Nee! Aber die Irrlichter und so.«
»Quatsch! Ist doch hellerlichter Tag.«
Denn marschierten wir los. Wir mochten das eben nicht, ‚Guten Tag' sagen und knicksen und eventuell noch küssen, wie Tante Martha immer.
Wenn die mich küssen wollte, dann knickste ich so tief, gerade wenn sie loslegte. Da kam sie nicht ran, so weit unten. Nee, wir Kinder haben uns nach Möglichkeit alle davor gedrückt. Manchmal saßen wir zu zweit oder dritt im Klo versteckt und haben gewartet, bis sie wieder weg war, die buckelige Verwandtschaft.
Obwohl, es gab auch Nette!
Die brachten uns eine Tüte Bonbons mit und fertig! Weiter wollten sie nüscht!
Das waren uns die Liebsten. Außerdem, es war ja so:
Wenn Lotte sagte, wir sagen dem Rachny nicht ‚Guten Tag', wir hauen ab, da gab es keine Widerrede! Sie war so mehr der Anführer immer, nich.
Wir also los, ab nach Haus. Aber ich hatte doch Schiss wegen der Judenkuhle und so. Zugeben konnte ich das ja nicht, weil Lotte, die hätte mich wieder ausgelacht!
Zum Glück kamen wir aber nicht weit. Tante Ida und Ewald sind hinter uns her und holten uns ein.
Mich erwischte Tante Ida, die haute nicht so feste. Aber Ewald erwischte Lotte. Der hat schon zugelangt, und Lotte hat feste geschrien, damit er aufhört.
Ich war aber heimlich noch froh, dass wir nicht alleine

an der Judenkuhle vorbei mussten.
Nachher denn kam unser zukünftiger Onkel Emil zum Essen. Da mussten wir dem denn doch ‚Guten Tag' sagen, wenn auch bockig! Also der Onkel hatte bei uns verspielt!

Tante Ida

Naja jedenfalls, dann kriegten wir raus, unsere Tante Ida ist in Schande gefallen. Wir konnten uns gar nicht vorstellen, was das heißen sollte.
Lotte und ich, wir rätselten rum: »Wie fällt man denn da rein?« »Wie kann man denn in Schande fallen? Wie hat die das bloß gemacht?«
Also wir haben uns den Kopf zerbrochen – aber kam nüscht bei raus.
Und Lotte sagte:
»Komm, wir fragen Heidi. Die wird es wissen!«
Unsere Schwester Heidi, die war ja nu auch sieben Jahre älter als ich, die hat uns denn aufgeklärt:
»Na, Mensch, Tante Ida kriegt ein Kind vom Emil Rachny. Und das ist eine Schande, weil sie nicht verheiratet sind!«
»Ach so, ... also deshalb.«
Verstanden hatten wir es immer noch nicht!
Aber dass der Emil nüscht taugt, das hatten wir doch gleich gewusst! Die ganze Familie war in Aufregung.
Diese Schande! Diese Schande!
Denn hat unsere Tante Ida doch noch den Emil Rachny geheiratet, bevor das Kind kam.
– Das hätte sie man bloß sein lassen sollen! Der Emil war doch nicht ganz richtig im Kopf. Der hat später

drei Mal versucht, sich aufzuhängen. Und unsere Tante Ida – die legte ja immer Karten, da kamen die Leute von weit her angefahren und ließen sich von ihr die Zukunft sagen – also die hat denn immer voraus gewusst, wenn es wieder so weit war bei ihrem Emil. Das las sie alles in den Karten. Sie ist dann hin und hat ihn jedes Mal abgeschnitten. Dann, beim vierten Mal, ist sie zu spät gekommen. Da war der Rachny schon tot. Das wurde ja denn auch mal Zeit!
Aber das war ja nu erst später, als sie nach Ostpreußen gezogen waren. Ich habe hier etwas vorgegriffen!

Also jedenfalls, die Trauung von Tante Ida fand in Stolp in der Schlosskirche statt, und das war schon interessant. Sie musste wegen ihrem dicken Bauch in einem schwarzen Hochzeitskleid vor den Traualtar treten und Kranz und Schleier ablegen, sozusagen als öffentliches Bekenntnis ihrer Schande.
Das waren harte Sitten, nich!
Und der Kammersänger Egon Brozart Bourbon, kam extra aus Berlin und sang ein Lied für das Brautpaar, weil der Rachny hatte ihm im ersten Weltkrieg mal das Leben gerettet.
Die Hochzeitsfeier wurde ja denn bei uns in Kublitz ausgerichtet, weil Großvater meinte, sie könnte nicht in Klein-Silkow stattfinden wegen Tante Idas Umständen.
Doch das Beste an der ganzen Hochzeit war: Lotte und ich, wir kriegten extra neue Kleider.
Schöne, aus rosa Voile, mit einer breiten Taftschärpe – auf dem Rücken zu einer Schleife gebunden – und denn passend dazu noch eine große Schleife auf dem

Kopf, so ein richtiger Propeller.
So raus geputzt, mussten wir denn ein Tänzchen vorführen und noch ein Liedchen trällern. Und wir haben uns gedreht und gedreht, so schick wie wir waren!
Na ja, wir waren schon süße Mädchen damals!

Die Blinddarmnarbe

Aber bald danach wälzten Lotte und ich schon wieder ein Problem wegen Tante Ida.
Wir fragten uns: »Wenn nu das Kind in ihrem dicken Bauch ist, wie kommt das da bloß wieder raus?«
Nach langem Hin und Her kam Lotte zu dem Schluss: »Da muss der Bauch aufgeschnitten werden. Anders geht es nicht!«
Und ich: »Was? Das kann ich mir nicht vorstellen! Den Bauch aufschneiden? Bei jedem Kind?«
»Wie denn?«
»Na, irgendwie eben, – aber anders.«
»Durch den Nabel, was? Nee, nee, da muss bestimmt der Bauch aufgeschnitten werden!«
Und Tante Ida hatte eine Blinddarmnarbe. Da haben wir die mal gesehen – später. Und Lotte triumphierte: »Siehste! Siehste!«
Naja, da musste ich ja klein beigeben.

Tabu

Also wir Mädchen sind ja alle nicht aufgeklärt worden von unseren Eltern. Dieses Thema war tabu!
Darüber ist niemals gesprochen worden bei uns zu Hause. Aber unsere Mägde, die wussten Bescheid. Die

haben uns erzählt, wie es geht. Ich mochte das anfangs gar nicht glauben, dass unsere Eltern so etwas gemacht haben sollten!
Ich hab auch nie gemerkt, dass da irgendwas gelaufen wäre zwischen Vater und Mutter.
Sag ich: »Lotte, hast du was gemerkt?«
Nee, die hatte auch nichts mitgekriegt. Aber irgendwoher mussten die Kinder ja gekommen sein!
Als Heidi ihre Tage gekriegt hat, da dachte sie noch, sie wäre todkrank, ist zu Minna Ross hin und gesagt: »Minna, ich glaub, ich muss sterben! Ich blute schon den ganzen Tag, und das hört und hört nicht auf!«
Na, Minna hat sie denn aufgeklärt und ihr Binden gegeben und gesagt, dass das nun alle Monate kommt, weil Heidi nu eine richtige Frau wäre. Und Heidi hat uns denn aufgeklärt, nich.
Da war ich schon in den Bohnen, weil ich mit fünfzehn meine Tage noch nicht hatte. Die kriegte ich erst im Sommer, bevor ich sechzehn wurde. Das war bei der Ernte auf dem Feld.
Ich hab mich gefreut wie ein Schneekönig!
Na, endlich war ich doch noch eine richtige Frau geworden.
Aber damals bei Idas Fehltritt hatten wir ja von Tuten und Blasen noch keine Ahnung!

Die Teertonne

Naja!
Nach Tante Idas Hochzeit mussten wir sonntags denn immer unsere schönen Voile-Kleider anziehen, natürlich auch den Propeller. Schleifen und Rüschen, trug

man ja damals alles so, schön gestärkt und gebügelt. Also wir waren ordentlich raus geputzt!
Mutter sagt: »Naja. Ihr dürft spielen gehen, aber macht euch nicht schmutzig!«
Wachtmeister Kolbe kam auf den Hof und hat uns bewundert. Sagt er: »Na, Lottchen, was meinste, wie lange du noch so hübsch sauber bist?«
Und Lotte sagt: »Den ganzen Tag natürlich!«
Uns war langweilig, weil wir nicht wussten, was wir spielen sollten. Aber denn kamen wir zu der Meinung, wir könnten doch Verstecken spielen, müssen nur aufpassen, dass wir nicht dreckig werden.
So machten wir es denn. Mal suchte sie, mal suchte ich. Nu war ich wieder dran. Ich suchte und suchte, konnte Lotte aber nicht finden.
Das war mir bald über. Ich rief: »Sitz doch, wo du willst, ich such nicht mehr!«
Da rief Lotte: »Traute, Traute, ich sitz in der Teertonne fest, komm mal schnell her!«
Lotte war in die Teertonne rein, und nu war der Teer da drin langsam weich und klebrig geworden. Und je mehr sie versuchte, da wieder raus zu kommen, desto schlimmer wurde es. Lotte hing überall fest!
Blieb nichts anderes übrig, musste ich Mutter holen. Wie die denn kam, die schlug die Hände über dem Kopf zusammen. »Also nein, Lotte, was hast du denn da bloß wieder angestellt?«
Von wegen, ich bleibe den ganzen Tag so hübsch sauber! Hände, Haare, das Kleid, alles klebte und natürlich auch der Propeller!
Lotte, ein einziger Teerfleck!
Denn wurde sie von Mutter aus der Tonne befreit.

Und das ziepte Lotte nicht schlecht an den Haaren! Danach wurde sie überall mit Butter eingeschmiert – auch die Haare alle so – bis der Teer abging. Da hat sie ganz schön gequiekt!
Und denn musste sie noch den ganzen Sonntag im Bett bleiben. Und das war echt eine Strafe für sie!

Ewald

Mein Bruder Ewald war ja der Älteste.
Vater hat ihm schon sehr früh beigebracht, mit Pferden umzugehen. Da war er noch ein Kind. Das war noch in der ‚Wilden Zeit' sagte Vater – nach dem ersten Weltkrieg. Damals gab es viele Überfälle von Wegelagerern. Wenn denn der Wagen mit Fleisch und Wurst beladen war, dann wollten die da ran.
Da hat Vater gesagt zu Ewald, ‚Jung, halt mal die Leine!' und denn mit Gewehr im Anschlag die Kerle wieder runter gejagt vom Wagen.
Und Ewald hat kutschiert!
Mein Bruder Ewald – ich weiß auch nicht, was soll ich sagen, wie Ewald war?
– War eben ein Mann, nich.
Ich kann mich an Ewald als Kind gar nicht mehr erinnern. Ich weiß nur, dass wir ihn in seinem weißen Matrosenanzug mit so dreiviertellangen Hosen ausgelacht haben. Die hat er immer müssen tragen. Heute ist das ja wieder hochmodern. Aber sonst? Nee!
Er war für mich schon zu erwachsen und uninteressant – ein Mann eben, nich!
Aber Skat spielen konnte er!

Skat

Die haben ja Skat gekloppt, Vater und er!
Da durfte ich sonntags nachmittags immer Vaters Geld verwalten. Dann sagt er so zu mir:
»Weißte was, Nutken, du kannst alles Geld, was da runter fällt, behalten.«
Man glaubt ja nicht, wie viele Groschen da immer runter fielen! Ich konnte ja nicht dafür, dass sie so fielen, nich! Ich hab das denn alles so verwaltet.
War eine schöne Zeit!
Und der Rahn unser Nachbar, wenn der sich auf die Glatze haute! Vater spielte ja gar nicht wegen Geld, – da wurde zwar um Geld gespielt, ein Zehntel Pfennig, aber darum ging es ihm gar nicht – Vater ging es einfach um den Spaß!
Da war ein Spiegel in der Ecke beim Klavier. Da setzten sie den Rahn immer so hin, dass sie seine Karten sehen konnten. Ewald und Vater haben sich denn immer so ein bisschen Augenzwinkern gemacht. Und der Rahn kann es nicht fassen, verliert mit so einem Blatt! Da haut der sich auf die Glatze, dass es man nur so klatscht, und schmeißt die Karten durch die Gegend. Ich bin denn unter den Tisch und hab sie alle wieder aufgesammelt. Ja, das waren Zeiten!
Aber so hatte man seine Unterhaltung, nich!

Lindo

Unser Wachtmeister Kolbe, der kam auch immer zum Skat. Und im Winter, wenn da Schnee war, denn hatte er seine Holztüffel an – so Oderkähne, wie sie die

Holländer tragen – und unterm Arm brachte er seine Schlurren (Hausschuhe) mit. Er ließ denn die Tüffel vor der Tür stehen und mit Schlurren rein ins Haus.
Und unser Lindo, der ließ ja alles auf den Hof, aber keinen mehr runter, den er nicht leiden konnte. Und der konnte doch diesen Kolbe zum Teufel nicht leiden, nicht zum Verrecken!
Wie Kolbe denn spät am Abend nach Hause will – die haben ja ganze Nächte durchgespielt – da sind seine Holztüffel verschwunden und nirgends zu finden.
Was sollte er machen?
Na, er denn los in den dünnen Schlurren und ab nach Haus. Nach einem Weilchen sagt Vater: »Da ruft doch einer auf dem Hof! Ich seh mal nach.«
Da steht Kolbe und ruft: »Milik! Milik!«
Und Vater fragt: »Na, Kolbe, was ist?«
Und Kolbe, zitternd und frierend, – es war ja lausig kalt und dick Schnee – ruft: »Ach, dieses Viech, das lässt mich nich wech!«
Da steht unser Lindo vor ihm, knurrend, und lässt ihn nicht runter vom Hof. Und sowie der Kolbe sich rührt, unser Lindo auf ihn los.
Der Kolbe hat sich fast die Füße abgefroren in den Schlurren im Schnee!
Ja, so ein kalter Winter in Pommern hatte es eben in sich!

Am nächsten Morgen haben sie denn die Holztüffel im Misthaufen gefunden. Da hatte unser Lindo sie vergraben. Der mochte den Kolbe einfach nicht.
Da war nüscht zu machen!

Die Garde

Bei uns war es ja so, alles was geritten und gefahren kam, kriegte zu essen. Und der Laube kam immer mit dem Leierkasten und machte Musik. Der hatte drei Häuser in Stolp, und Vater wusste das. Denn holte der sich bei uns Heu fürs Pferd, Hafer fürs Pferd und was er sonst noch so braucht, und denn kriegte er noch eine Wurst – denn sagt Vater zu ihm: »Weißt du was, der Kolbe hat heute Geburtstag (und der mochte das Lied ‚Das ist die Garde' so gern) und du fährst bei Kolbe bis vor die Tür. Ich geb' dir eine Mark und du spielst ‚Das ist die Garde'. Aber hör nicht auf, spiel immerzu weiter!«
Naja jedenfalls, Laube fuhr da vor.
Denn ging's los: ‚Das ist die Garde … lud, lud, lud, lud, Leierkasten …'
Kolbe kam raus und freut sich so.
War ja schön, nich!
Aber das hört und hört nicht auf. Da sammelten sich schon die Kinder und die Leute alle so an und hörten zu – und Kolbe stand da und stand da und stand da – und der Laube hörte nicht auf mit der Garde. Sagt Kolbe:
»Laube! Laube! Nu kannste aufhören!«
»Nee, nee, nee, kann ich ja nich!«, sagt Laube.
Und er spielt wieder: ‚Das ist die Garde… lud, lud, lud, lud…'
Alles grient und amüsiert sich und Kolbe sagt:
»Aber nu ist genug, Laube, nu hörste auf!«
»Nee, nee, nee, kann ich ja nich!«
»Ja, warum kannste denn nich?«

»Na, Milik hat mir eine Mark gegeben, dass ich immerzu spielen soll.«

»Also«, sagt Kolbe, »hier haste zwei Mark, und nu hörste auf!« Und da hört er auf, nich.

Also unser Vater war ein Schabernacker!

Vater in Uniform

Vater und Mutter beim Fotografen
kurz nach ihrer Hochzeit

In unserem Geschäft
v. l.: Vater, Mutter, Großvater, Lehrling, Geselle, Ewald,
Minna Ross, Irma und Heidi, vorne: Lotte und ich

Pommersche Hochzeit 1932

Dritte v.l.unten: ich, dahinter Vater und Mutter, dahinter Ewald
mit seiner ersten Liebe Trude Lück

Sonntagsausritt
Vater auf dem Schimmel

Ich im Klassenzimmerfenster
der Volksschule Kublitz

Meine Konfirmaton

2 Großvater

Großvater

Als Tante Ida denn wegzog mit ihrem Mann Emil Rachny nach Ostpreußen, da kam Großvater zu uns. Sicher, er hatte zehn Kinder – ja – aber da wollte er nicht hin. Er wollte zu unserem Vater!
Und Vater nahm ihn auf, obwohl Großvater ihn abgelehnt hatte als Schwiegersohn, weil er ihm nicht gut genug gewesen war für seine Tochter!
Es war eigenartig – unser Vater saß immer auf dem Hauptplatz am Tisch, solange Großvater nicht da war – aber er hat ihm denn sofort diesen Platz überlassen. Jetzt war Großvater unser Haupt, sozusagen!

Meister! Meister!

Wir waren ja vollkommen frei aufgewachsen bis Großvater kam. Da musste das mit mal aufhören, und denn ging es los! Er war wohl noch geschockt von seiner Tochter Ida mit der Schande. Und da durften wir vier Mädchen, Heidi, Irma, Lotte und ich, nicht mehr Schabernack machen mit den Gesellen so.
Der eine Geselle, der kam immer besoffen nach Haus am Wochenende. Irma und Heidi stellten ihm denn mal eine Schüssel mit Wasser ins Bett, mal legten Lotte und ich ihm Brennnessel rein oder eine harte Bürste. Und das allerbeste Ding war, da hatten wir eine Puppe gemacht aus Kleidern von Mutter. Lange

Strümpfe – ausgestopft alles so und in Lebensgröße. Sah aus wie ein richtiger Mensch! Und die hingen wir denn in seinem Zimmer auf! Wie der denn kam – und torkelt gegen diese Figur – der hat gebrüllt! »Meister! Meister, bei mich hat sich einer aufjebammelt!«

Um Zehne

Naja, das musste denn alles aufhören, wie Großvater da war. Und Heidi, die ist ja um ihre Jugend betrogen worden von Großvater. Die durfte überhaupt nüscht, wenn die gesagt hat: »Ich geh jetzt heut zu Meta Waldow auf Geburtstag.«
Hat er gesagt: »Und um Zehne bist du da!«
Da war sie aber nu schon zwanzig sowas! Und um Zehne stand er denn schon auf der Lauer. Meine Heidi war aber nicht da. Die kam denn so um viertel nach Zehne. Da hatte Großvater aber schon alles abgesperrt. Und Heidi hat denn Steinchen geworfen ans Fenster so leise. Lotte war mutig, ist runter geschlichen und macht ihr die Tür auf. Da sind sie auf der Treppe, kommt Großvater an und wollte sie noch mit dem Krückstock verdreschen. Aber er hat sie nicht mehr erreicht. Die sind ab, trepphoch und haben sich im Zimmer eingeschlossen!

Helmut Müller

Heidi hatte denn einen Freund, Helmut Müller. Das war ein gutaussehender Kerl und ein netter. Mit dem schrieb sie sich immer, wie er in Allenstein war beim Hunderttausend-Mann-Heer.

Naja jedenfalls, hat Heidi ihn eingeladen, und er kam auch. Aber da hat Großvater Heidi auch wieder alles vermasselt. Helmut schlief bei Ewald mit im Zimmer. Und jeden Morgen rief Großvater denn aus seinem Zimmer, dass das auch zu hören war: »Ist der Kerl noch da, der Kindermacher? Wann geht er denn wieder, der Hurenbock, der Hungerleider?«
Da hat er denn den Helmut vergrault. Der kam nicht wieder! Und Heidi wollte daraufhin ins Kloster gehen. Sie war ja auch Courths-Mahler-geschädigt von den vielen Romanen, muss ich sagen!
Jedenfalls, Großvater war immer hinter uns Mädchen her! Unseren Bruder ließ er in Ruh. Ewald, der konnte machen, was er wollte. War eben ein Mann, nich.
Ewald – der hätte nicht sollen Metzger werden. Aber Vater hatte nu dies Geschäft aufgebaut und Ewald, der einzige Sohn, da musste er ran! Ewald wäre viel lieber Förster oder Rechtsanwalt geworden. Nu ist er aufs Gymnasium, um Metzger zu werden!
War doch Quatsch, oder?
Na ja, jedenfalls dem Ewald wollte Großvater nüscht!

Schokolade

Ich war ja noch ein Kind, war ja die Jüngste.
Da hab ich denn oft bei Großvater gesessen – Pfeife angezündet so. Die reichte immer bis an die Erde, wenn er in seinem Korbsessel saß. Denn hat er Rosenblätter gesammelt, getrocknet und sich unter den Tabak gemischt. Schmeckte ihm dann besser.
Er hat sich auch so ein bisschen betätigt, Majoran angepflanzt, Pflänzchen pikiert und Enten und Hühner

gefüttert. Großvater war nie krank, aber manchmal blieb er im Bett, und denn guckte ich ab und zu bei ihm rein. Da hat er immer gesagt:
»Na, Traute, willste Schokolade?«
Hab ich gesagt: »Ja!«
Sagt er: »Musste mir aber auch einen Kuss geben!«
Sag ich: »Kriegste! Kriegste!«
Denn hat er mir immer die Schokolade so hin, und ich sie denn einfach weg gegrapscht, wenn ich konnte. Denn wollte er mich schnappen, und ich aber über die Betten ab und gesagt:
»Den Kuss kannste später kriegen!«
»Dich krieg ich noch, du Krett!«, hat er gemeint, und denn drohte er so mit dem Finger. Aber gekriegt hat er mich nie und den Kuss auch nicht.
Und die Schokolade, die schmeckte nach Kampfer. Die lag immer im Nachtschrank neben seiner Flasche mit Kampfer-Spiritus. Aber ich hab sie trotzdem gegessen, auch wenn sie nach Kampfer geschmeckt hat!

Warzen und Katzenpfötchen

Großvater war überhaupt kein Kirchgänger. Er war ja Förster gewesen und sagte immer: »Der Wald ist mein Dom.« Aber er war Gottgläubig! Trotzdem hieß es, mein Großvater würde mit dem Düwel umgehen.
Das stimmte aber gar nicht! Er glaubte an Gott, nur mit den Pfaffen und der Kirche wollte er nüscht zu tun haben. Aber Großvater konnte Warzen besprechen, Gürtelrose und alles so was. Aber auch andere Dinge, Katzenpfötchen, sagten wir immer dazu. Das waren so Blutschwämmchen. Und die Leute kamen denn zu

ihm. Er hat sie immer bei abnehmendem Mond bestellt.
Der Baumann, der Polizist, der hatte zwei Jungs. Und der eine, der hatte die Hände – beide Hände – zwischen den Fingern alles voller Warzen. Da hat Großvater das besprochen. Hat aber vorher schon zu der Frau Baumann gesagt: »Sollte ich sterben in der Zeit, dann kommen Sie und bedrücken mit meiner Totenhand die Hand Ihres Sohnes. Dann nehme ich die Warzen mit ins Grab.«
Und die jüngste Tochter von Bolduans hatte diese Blutschwämmchen. Da hat er sie auch nach seinem Tod bestellt, weil er nicht mehr die Kraft hatte.

Großvaters Geist

Mutter hat gesagt, Großvater kann seinen Geist aus dem Körper lassen. Das will ja kein Mensch glauben! Aber ich weiß nicht, meine Mutter hat doch nicht gelogen! Das hätte sie nie!
Sie hat erzählt, sie waren da so am Wirtschaften im Haus und wussten, Großvater ist in Stolp mit der Kleinbahn. Doch mit einmal stand er da – aber immer nur so – nichts gesagt. Dann war er wieder weg!
Und seine Waldarbeiter, die haben gewusst: Jetzt ist der Alte in der Stadt, da können wir schludern. Und auf einmal taucht der im Wald auf! Haben sie wieder gesagt: »Der Dabrunz geiht mim Düwel öm!«
Einmal hab ich zu ihm gesagt: »Großvater, du sollst doch deinen Geist aus dem Körper lassen können, mach es doch mal! Das wäre ja ulkig, wenn zwei Großvater jetzt da im Zimmer wären.«

Da hat er zu mir gesagt: »Ja, ich kann es. Aber jetzt in meinem Alter ist es sehr schwer. Man braucht viel Kraft dazu.«
Also, mir hat er dies nicht vorgeführt! Aber einmal hat er Heidi damit erschreckt. Da hat sie in seinem Zimmer die Geweihe abstauben wollen, und Großvater hat immer gemeckert, dass da keiner ran gehen soll. Heidi hat also sicherheitshalber die Tür von innen abgeschlossen, dass er sie nicht überraschen sollte. Nu ist sie zu Gange, dreht sich um, und da steht Großvater im Zimmer. Heidi ist fast das Herz stehen geblieben!
Aber sie hat einfach weitergemacht und getan, als wenn nix wäre. Sie dreht sich wieder um, und da ist Großvater verschwunden. Aber die Tür war immer noch verschlossen – von innen! Ich weiß auch nicht, aber unheimlich war er schon so ein bisschen!

Geistertisch

Großvater hatte einen runden Tisch, gar nicht so groß, mit Engelsköpfen verziert und ganz aus massivem Holz. Da war kein Nagel drin – nichts – alles Holz. Damit konnte er die Geister der Toten anrufen. Da war aber nichts mit schwarzen Kerzen und im Dunkeln – nein, das machte er bei hellem Sonnenschein. Wenn Großvater nur ganz leicht seinen kleinen Finger in die Mitte von diesem Tisch legte, dann ging der los von einem Zimmer ins andere!
Und Kolbe und Baumann, die Polizisten, wollten dies ja nicht glauben. Denn haben sie gesagt: »Dabrunz, jetzt! Das wollen wir nu aber mal sehen! Das musst du uns zeigen!«

Da hat er dies gemacht. Und der Tisch geht los von einem Bein auf 'm anderen durch den Korridor und rüber ins andere Zimmer. Die beiden Polizisten sind immer rund um den Tisch und haben untergeguckt und geguckt und denn gesagt: »Das geht nicht mit rechten Dingen zu!«
Es war einfach so. Ich weiß es ja auch nicht.
Aber unterhaltsam war das!
Ich kann mir das nur so erklären, dass Großvater eine Energie hatte, die wir nicht haben. Er konnte eben Sachen, die andere nicht können.
Er *konnte* das einfach!
Er hat immer gesagt, wir hätten das nicht. Irma wäre die Einzige, an die er dies hätte weitergeben können. Meine Schwester Irma fiel ja auch ganz aus der Art. Sie wäre im Aussehen wie meine Großmutter, hat Vater gesagt. Sie hatte als einzige krause Haare, so Locken wie Großmutter auch. Sie hatte als einzige braune Augen wie Vater.
Vater war ja schwarzhaarig und hatte braune Augen. Alle anderen waren ja blond wie Mutter und hatten blaue Augen wie sie.
Irma, die war nicht so ohne. Die hatte einen Dickkopf. Wenn der nicht durchkam, denn wollte sie sich umbringen und aufhängen und weiß der Teufel was. Vater hat denn gesagt: »Die hätte ich sollen mim ersten Badewasser auf den Misthaufen schütten!«
Aber mit Großvaters Hexerei wollte sie nüscht zu tun haben. Die hat denn so gemeckert, wäre alles Humbug und ‚du mit deinem Tisch' und alles Quatsch und so.
Da sagt Großvater:
»Irma, setz Dich mal an den Tisch!«

Sie setzt sich hin, legt die Arme und den Oberkörper so rüber, hält sich fest und sagt so schnippisch: »So! Na, nu soll er mal losgehen! Da muss er mich erst mal hochheben!« Großvater griente bloß so leise, legt den kleinen Finger rauf – und dann hob sich der Tisch mit meiner Irma hoch.
Auf halber Höhe ließ sie los – aber weiß wie die Wand! Und Großvater meinte:
»Das war der Geist von Tante Martha.«
Das war die Schwester von Vater, die war gerade gestorben. Ich mein, ich hab das ja nu mit eigenen Augen gesehen. Und ich war ja kein kleines Kind mehr. Ich hab das Jahr vorher Konfirmation gehabt. An diesem Abend bin ich aber nicht alleine trepphoch ins Bett gegangen. Ich hab zu Mutter gesagt, sie muss mitkommen.
Ich bin ja nie alleine an den Tisch – das war mir unheimlich! Da hatte ich viel zu viel Angst!
Aber mit den anderen alle zusammen, das war schon interessant! Wenn denn ein Toter unterm Tisch war, machten wir immer aus: ein Mal klopfen heißt ‚ja', zwei Mal klopfen heißt ‚nein', und beim Zeitzählen eins, zwei, drei Jahre oder Monate und so weiter.
Denn fragten wir: »Wie viel Minuten hast du Zeit?«
Da klopften sie, und da hat man eben gezählt: drei Minuten, fünf Minuten und so weiter. Wenn die Zeit denn rum war, sagten wir: »Schick uns mal den und den, wenn der Zeit hat.«
Na, dann klopfte der Tisch erst, wenn da wieder einer war. Und wir haben jeden gefragt, wie das ist? Und ob sie noch gerne leben möchten? Und jeder hat geklopft ‚Nein, er möchte nicht mehr leben' – Jeder! – Hat

keiner gesagt: »Ich möchte noch mal auf die Welt!«
Also muss es da drüben schön sein!
Aber Großvater hat nie Selbstmörder angerufen. Da hat er uns auch gewarnt vor, wenn man die anruft, dass man sie dann nicht mehr aus dem Haus kriegt. Das wird dann ein Poltergeist, weil seine Zeit noch nicht da ist zum Sterben. Der geht dann zwischen den Welten um. Da wackeln die Bilder an den Wänden und Schuhe fliegen durch die Luft. Und der Pirsich, der Polizist, der konnte das bezeugen. Der hatte dies gesehen! Das war, wie Hitler schon an der Macht war. Damals wurden ja sämtliche Freimaurerlogen geschlossen bei Hitler, und Pirsich erzählte: »Wir waren zwölf ausgewachsene Kerle, da mussten wir die Loge in Stolp schließen. Mit einmal fingen die Bilder alle an zu wackeln an der Wand, und der große Tisch ist losgegangen. Wir konnten den zu zwölf Kerle nicht halten! Der ist mit uns losgegangen!«
Ich hab es nicht gesehen, aber ich mein, warum sollte der lügen?

Zehn Jahre und ein bisschen

Das letzte Mal hat Großvater ja noch kurz vor seinem Tod den Tisch befragt. Er fragte denn so: »Sag mal, wie lang ist der mit den kackebraunen Hosen noch an der Macht?«
Da klopfte der Tisch zehn Mal und ein bisschen. Da wackelte er nur so hin und her nach dem zehnten Mal Klopfen. Das hieß denn: ein paar Monate so.
Also zehn Jahre und paar Monate. Das war 1934.
Und das stimmte genau! 1945 war es ja denn auch aus

mit Hitler!
Also ich kann mir das nicht erklären.
Warum klopfte der Tisch nicht dreizehn Mal oder acht Mal? Nein, genau zehn Mal und ein bisschen!
Das ist doch ein Ding! Ist doch komisch, oder?

Großvaters Tod

Vater hat immer gemeint, dass unser Großvater auch irgendwie in diese Freimaurerloge reingekommen ist. Vielleicht durch Neumann Silkow – bei dem war er ja Förster – dass der ihn da eingeführt hat zum Bedienen. Da brauchten die ja auch einen für, diese Adligen. Konnte ja keiner rein, der nicht der Loge angehörte. Und Vater meinte, dass Großvater daher so eine Kraft hatte. Aber er wusste es nicht hundertprozentig.
Die Freimaurer wussten ja alle ihren eigenen Tod im Voraus. Und das wusste Großvater auch. Der wusste genau, wann er stirbt!
Einen Tag vorher musste der Friseur geholt werden. Großvater sagte immer Barbier. »Erich, hol den Barbier! Schick den Lehrling!«
»Nein, heute nicht«, sagte Vater, »der kommt sowieso am Sonnabend und schneidet die Haare!«
»Er muss heute noch kommen! Er muss kommen! Wenn ich morgen zu Petrus geh, dass ich fein bin!«
Und unser Vater war ja denn nachgiebig, nich.
Er sagte immer so: »Der Alte hat seinen Willen und ich meine Ruh!«
Da kam der Friseur noch am Abend und hat Großvater die Haare geschnitten und rasiert und fein gemacht.
Am nächsten Morgen kam Großvater die Treppe run-

ter. Da stand er so und stützt sich ans Geländer rechts und links. Und ich sehe heute noch den Blick. Seine Augen waren tief dunkelblau, und dann war das, als wenn er durch mich hindurch guckt. Und dann sagt er: »Traute, du wirst immer für meinen Kanarienvogel sorgen, ihm frisches Wasser geben und Futter und immer frischen Sand!«
Ich sag so zu ihm: »Ph, wo soll ich denn den Sand herholen?«
Da sagt er: »Egal woher, du wirst ihn versorgen!«
Sag ich: »Ja, ja, ja!«
»Das musst du mir versprechen!«
Na, gut, da hab ich das denn versprochen, aber ich dachte doch nicht, dass er stirbt!
Dann ging er zu seinen Enten. Das waren so an die fünfzig Stück oder mehr. Und ich musste immer die Entengrütze vom Mühlteich holen (Entenflott sagten wir dazu) für die Enten zum Schnattern. Ich mochte das gar nicht gerne, aber ich musste ja.
Naja jedenfalls, rief er denn Irma und sagte: »Irma, geh jetzt und füttere die Enten! Ich habe keine Zeit mehr dazu! Das Futter ist fertig, aber ich hab keine Zeit!« Ich denke noch, wieso hat der keine Zeit? Was redet der für Zeug?
Na, Irma ist denn Enten füttern und denn noch in den Hühnerstall – sie war ja so eine halbe Bäuerin – nu wollte sie die Eier holen, guckt sie so zum Klo und sieht, da stimmt doch was nicht! Der Haken hatte sich so erweitert durch den Druck. Da steht Großvater im Klo mit dem Kopf gegen den Balken, den Türbalken! Und Irma kommt an zu rennen und sagt:
»Großvater steht im Klo und ist tot!«

Ich sag zu ihr: »Menschenskind, du bist doch behämmert, mim Klammerbeutel gepudert und vom Hahn besessen! Ich hab doch noch grad mit Großvater gesprochen!«
»Dann geh du doch hin und guck! Der steht im Klo und ist tot!"
Es hat leise genieselt. Ich bin hingegangen. Ich hab ihn angeguckt durch das Herzchen in der Klotür und sag noch: »Großvater, du sollst frühstücken kommen. Die Rühreier werden kalt!«
Er hat sich nicht gemuckst und nicht gerührt. Da sehe ich dieses Blut! Das war runter gelaufen und verkrustet von der Stirn an der Nase lang. Ich bin gerast über den Hof, als wenn wirklich einer hinter mir her war. Ich rein ins Haus und gesagt:
»Du Irma, du hast recht! Großvater, der ist tot! Was machen wir nu?«
Die anderen waren alle auf dem Markt, und Lotte hat schon in der Stadt gearbeitet. Bloß Heidi war noch da. Wir hin zu Baumann, dem Polizisten. Aber es war nur seine Frau da.
Da sagt Heidi: »Frau Baumann, unser Großvater steht im Klo. Und wir glauben, er ist tot!«
Frau Baumann war so eine Resolute. Die los den Schlosser holen, gegenüber. Der kam denn mit seinen Leuten und hat die Klotür aufgemacht. Dann haben sie Großvater rein getragen ins Haus. Er war tot!
Und das Dolle war ja: Ewald hatte ungefähr drei Monate vorher geträumt, Großvater stirbt im Klo.
Und Mutter sagte noch: »Erzähl das bloß nicht weiter, unser Großvater hat es doch nicht nötig, im Klo zu sterben.«

Gerhard Peglow

Großvaters Wunsch war, er wollte mit nichts weiter an als nur einem Totenhemd und Pappschuh begraben werden. Seine einzige Bedingung war, es musste ein Eichensarg sein.
Da haben sie ihn so fertiggemacht und rein gebettet und nu lag er drin, im Esszimmer aufgebahrt. Früher war das so, da wurde im Haus aufgebahrt. Mit einmal kommt Ewalds Freund, Gerhard Peglow, und sagt: »Großvater Dabrunz hat mich herbestellt, dass ich ihn fotografieren soll. Ist er da?«
»Der ist im Esszimmer, geh man hin!«, sagt Ewald.
Da lag Großvater denn im Eichensarg!
Sagt Gerhard Peglow:
»Na, nu hat er mich schon mal herbestellt, nu werd ich ihn eben im Sarg fotografieren.«
Denn kam Frau Baumann mit ihrem Jungen mit den Warzen und die Kleine von Bolduans mit ihren Blutschwämmchen. Die sind denn rein zu Großvater ins Esszimmer. Ich stand ja nur im Flur vor der Tür. Aber ich war neugierig und hab gewartet.
Ich dachte: Na, wie wird denen wohl zumute sein? Mit der Totenhand so?
Denn kam der Junge raus – kalkweiß!
»Uh, die Hand war aber eiskalt!«, sagt er und hat so geschuddert. Und das Mädchen war totenblass und hat nichts mehr gesagt. Die wollte nüscht wie weg.
Aber das Wunder geschah: Die Warzen gingen weg und die Blutschwämmchen auch! Großvater hat sie mitgenommen ins Grab.
Es ist eigenartig, was alles so passieren kann, nich!

Der Traum

In der ersten Nacht, wo Großvater im Haus aufgebahrt war, hat Irma denn geträumt, Großvater steht an ihrem Bett und sagt: »Irma, komm mal mit! Ich muss Dir unbedingt etwas zeigen!« Irma hat immer abgewehrt.
»Nein, ich komm nicht mit! Ich komm nicht!«
»Du brauchst nur im Geist zu folgen! Ich muss Dir noch etwas zeigen! Komm mit!« Irma ging aber nicht!
In der gleichen Nacht hat Heidi dies auch geträumt.
Zu ihr sagte Großvater denn: »Heidi, ich muss Euch unbedingt etwas zeigen! Irma kommt nicht mit, denn komm du mit!« Da hat Heidi gesagt:
»Nein, ich will nicht mit!«
Irma ging nicht, Heidi ging nicht!
Und das ist doch komisch, dass Heidi dann träumt:
»Irma kommt nicht, dann komm du!«
Morgens haben sie dies denn Mutter erzählt. Da hat sie gesagt: »Warum seid ihr bloß nicht mitgegangen?«
Mutter glaubte wirklich, dass er irgendetwas hatte.
Er war ja immer so ein bisschen geheimnisvoll!

Zwiesprache

Nächste Nacht ist Vater aufgewacht um Einse und hat Mutter gesucht. Da hat sie im Sessel gesessen am offenen Sarg im Esszimmer.
Da fragt er: »Was tust du hier eigentlich?«
Mutter sagt: »Ich hab bloß Zwiesprache gehalten mit Großvater.«
Ich weiß nicht, vielleicht hat sie auch bisschen was ab gehabt von Großvater. Lotte meinte es ja immer, aber

ich weiß nicht. Mutter war ja auch irre fest in ihrem Glauben, dass einem nichts passieren kann, was nicht Gottgewollt ist. Sie hat immer zu uns gesagt:
»Auch das Böse ist Sein Werkzeug. Es geschieht dir nichts, was dir nicht geschehen soll!«
Dann hat sie uns dazu angehalten, dass man jeden Menschen wie einen Menschen behandeln und keine Unterschiede machen soll. Und so sind bei uns auch die Angestellten, ob dies nachher Polen waren oder was, behandelt worden. Ein Mensch wie ein Mensch!

Zu Zweit dagegen

Und dann war da ja noch das Eigenartige: Großvater hatte schon immer gesagt ‚also, wenn ich mal sterbe, ich mach mir nicht die Hosen voll!' Und das hat er ja denn auch nicht! Und bei seiner Beerdigung war es so: Die sind nach Klein-Silkow gefahren mit seinem Sarg. Da war ja das Familiengrab und Großmutter lag da schon drin. Aber wir blieben zu Haus, weil wir mussten denn die Kaffeetafel machen für die Leute alle so. Anna Boll war auch da. Die kam ja immer zum Helfen bei solchen Gelegenheiten oder auch bei der Ernte und so ...
Na jedenfalls, Anna Boll und Irma, die wollten die Kuchen runter holen. Die standen alle oben in Großvaters Zimmer, weil da ja nu keiner mehr war, nich.
Großvaters Dackel wollte die Treppe nicht rauf, nicht ums Verrecken. Er ging nicht, obwohl er sonst immer hinterher war, hoch zu rennen. Er hat immer bei Großvater am Fußende geschlafen und ihm die Füße gewärmt. Er ging nicht! Er saß vor der Treppe und hat

gewinselt. Das kam uns denn schon komisch vor!
Anna Boll und Irma sind denn hoch, kommen an die Tür, wollen aufmachen – die Tür geht nicht auf!
Die haben sich zu zweit gegen die Tür geschmissen, aber sie ging nicht auf! Nix zu machen!
Aber abgeschlossen war sie nicht!
Da sind sie die Treppe wieder runter gelaufen, haben sie überlegt: »Was machen wir nu?«
»Ach, jetzt decken wir erst mal den Tisch!«
Eine halbe Stunde später haben sie es wieder versucht. Der Hund lief rauf, und die Tür ging auf! Da kann man nicht einfach sagen, das ist eine Einbildung!
Das kann sich doch keiner ausdenken oder einfach aus der Luft so holen. Und sie waren zu Zweit!
Das ist doch komisch, oder?
Naja jedenfalls, so war mein Großvater!

Mein Großvater August Dabrunz

Großvater

Großvaters Frau Auguste,
nicht schön, aber vermögend.
Sie gebar ihm zehn Kinder

Großvater mit Töchtern und Enkelkindern
v.r.: Mutter mit Ewald, Irma und Heidi

Großvater mit Jagdhund
und Jagdgesellen

Großvater beim Entenfüttern

3 Die Jugend und die Liebe

Schipper

Großvater starb im Juni 34 und im Oktober wurde ich fünfzehn. Da ging's dann so langsam los mit den Jungs und der Liebe. Lotte war da schon mit ihrem Schipper-Kurt zusammen. Die beiden – ach, die waren ja so verliebt! Der Kurt war ja schon von Jugend an ganz fixiert auf sein Lottchen. Der hatte auf dem Schulweg schon immer auf Lotte gewartet. Da war sie erst dreizehn. Da hab ich immer zu ihm gesagt: »Du, Schipper, lass bloß meine Schwester Lotte in Ruh, sonst sag ich alles meinem Vater!«
Da hat er gelacht! – Und? – Stand er wieder da am nächsten Tag! Den Kurt, den sehe ich noch direkt vor mir, wie er da steht, so lässig an den Baum gelehnt – mit einer Hand – und immer so eine großkarierte Jacke an. Wenn Lotte ihn sah, na, da strahlte sie schon wie so ein Honigkuchenpferd. Dann kam er rüber, und ich musste nach hinten. Da musste ich dann immer hinterher dackeln. Und die beiden waren so am Erzählen. Mein Gott, hatten die es wichtig. Und ich war so unwichtig da hinten!

Dein Wolfgang

Dann kriegte ich einen Brief von einem, der hieß Wolfgang Laubmeier. Den kannte ich gar nicht, nie gesehen. Ich hab mit dem Jungen nie ein Wort gespro-

chen. Der hatte mich gesehen und zu dem Siegfried Schulz gesagt – der war aus Kublitz und kannte mich – die will er haben, das wäre das Mädchen für ihn als Freundin. Dann schrieb er mir Briefe, wann wir uns treffen könnten und sowas alles. Und immer unterschrieben: *Dein* Wolfgang.
»Der olle Spinner", sag ich, »der ist doch nicht *mein* Wolfgang!« Ich kriegte eine Karte, wie er in Ferien war: ,*Dein* Wolfgang! Viele Grüße!'
Dann kam er und wollte mich endlich mal stellen, sozusagen, dass ich mit ihm reden musste. Da war ich bei Litte auf Geburtstag, und unsere Heidi wollte mich abends abholen. Jedenfalls kam der Laubmeier in HJ-Uniform an. Der war Hitlerjunge und hatte auch so einen Dolch gehabt. Und Otto Brunke und Heinz Salomon haben gesagt: »Na, den werden wir ordentlich verdreschen!« Die ließen sich doch nicht so einfach die Mädchen ausspannen von einem aus der Stadt. Naja jedenfalls, die Keilerei ging feste los! Da zog der Laubmeier seinen Dolch, und Heidi kam nu grad recht. Sie hat gesagt: »Macht ihr, dass ihr nach Haus kommt! Und Sie laufen auch Ihrer Wege!«
Der Laubmeier war ja nu schon sechzehn siebzehn sowas. Ich hab überhaupt kein Wort mit dem gesprochen, nie, nicht mal da, wie sie sich gekloppt haben. Ich hab auch nicht gesagt: »Hört auf!« Mir war es egal, sie konnten ihn ja ruhig verhauen. Ich hab dann dem Siegfried Schulz gesagt: »Dem kannste sagen, er soll mich in Ruh lassen. Ich will nichts mit ihm zu tun haben!« Na, ich war damals noch nicht so weit.
Aber immerhin, mich wollte einer haben!

BDM

Wir Mädchen waren ja alle im Luisenbund gewesen. Als denn Hitler kam, wurde der einfach übernommen. Und wir waren alle mit mal im BDM (Bund Deutscher Mädchen). Da begann denn der Drill und so. Heidi war mit mal Riegenführerin und wurde zum Lehrgang nach Rügen geschickt. »Rügen ist ja sehr schön«, hat sie gesagt. Aber, immer strammstehen, die Fahne hoch und eins, zwei, drei, ein Lied! Das hat ihr gar nicht gefallen! Da legte sie anschließend das Amt nieder. Und Lotte sagte: »Ich bin doch nicht verrückt und schreib Berichte!« Und ging als erste raus.
Ich bin dann vier Mal einfach nicht hingegangen.
Denn kam ein Schreiben, ich sollte dazu Stellung nehmen. Ich hab zurückgeschrieben: ‚Ich ziehe die Konsequenzen und trete aus.'
Ich wollte nu auch nix falsch machen und hab das Wort ‚Konsequenz' noch im Lexikon nachgeschlagen.
Wir hatten doch anderes im Kopf! Wir wollten lieber tanzen und uns amüsieren! Wir sind da 1935 alle raus, und nüscht ist passiert!

Sprudel

Stolp war ja eine Garnisonsstadt. Da war das Reiterregiment – noch von Mackensen – und alle vom Flughafen und vom Arbeitsdienst, die kamen denn nach Kublitz zum Tanzen am Wochenende. Also da hatte man ja die große Auswahl unter den Männern! Bei uns in Kublitz war jedes Wochenende Tanz bei Stroß und bei Wolff.

Lotte und ich, wir bestellten uns immer eine Sprudel mit zwei Gläsern. Dabei kostete die bloß dreißig Pfennige. Aber wir saßen da mit zwei Gläsern und zwei Strohhalmen. Uns ging's ja hauptsächlich ums Tanzen. Denn kamen zwei auf uns zu. Lotte hatte es auf den einen abgesehen, weil er ihr besser gefiel vom Aussehen her. Da hat sie mir den weggeschnappt und mit dem getanzt, obwohl der *mich* aufgefordert hatte.
Denn musste ich mit dem anderen tanzen. Und der hat mir die ganze Zeit von Lotte vorgeschwärmt. Ich sollte doch ein gutes Wort einlegen für ihn. Und Lotte wäre genau sein Typ. Und ob sie frei wäre, und ob ich da nicht was machen könnte für ihn. So ging das die ganze Zeit, Mensch! Das wurde mir denn über, da sag ich zu dem: »Wissen Sie was? Mir langt 's!«
Da ließ ich ihn stehen und hab mich hingesetzt.
Denn kam einer an unseren Tisch, das war so ein kleiner, jedenfalls kleiner als ich, mit dem wollte ich nicht tanzen. Da bin ich aufgestanden und stellte mich noch extra auf die Zehenspitzen. Hab ich mich aufgereckt und gefragt: »Na, wollen Sie immer noch mit mir tanzen?« Denn hat er gemeint: »Nee! Lieber nicht!«
Wir tanzten doch nicht mit jedem!
Das hatten wir gar nicht nötig! Die Männer waren damals auch mehr so Kavalier.
Nicht so wie heute: »Los, tanzen!«
Nein! Immer höflich und zuvorkommend!
Wenn wir dann in Stolp ins Kino gingen – da musste man seine Garderobe noch abgeben – denn sprangen die Soldaten hinzu. »Darf ich Ihnen behilflich sein?«, und denn halfen sie dir aus dem Mantel, und Haltung hatten die!

Nicht so wie heute: ‚Sieh zu, wie du aus dem Mantel kommst!' Nee, das war ganz anders damals! Da kamst du dir mehr so vor wie eine Königin!

Schlüsselgewalt

Wenn wir zum Tanz gingen, hatte Irma immer die Schlüsselgewalt, weil sie ja die Ältere war. Heidi ging erst gar nicht mit. Sie konnte nicht tanzen so richtig. Sie hatte ja auch kein Musikgehör. Also neben der konntest du nicht stehen und singen. Wenn die in der Schule aufgerufen wurde – da war noch Gerda Kowitzke, die konnte auch nicht singen – da ging 's immer bloß: »Kowitzke setzen! Milik setzen!«
Die brauchten nicht singen, da wären die Mäuse weggelaufen. Na, wenn man kein Musikgehör hat, kann man auch nicht tanzen! Jedenfalls blieb Heidi denn zu Haus, nich. Und mit unserer Irma war 's ja so: Wenn sie sich amüsierte, blieben wir da, und wenn sie sich aber nicht amüsierte, mussten wir gehen! Das hat uns denn schon immer geärgert.
Na, dann lernte sie den ‚schönen Herbert', Herbert Treptow, kennen auf dem Tanz und ist gleich ab mit dem. Und wie sie dann so lange weg blieb, haben wir gedacht: Na, die wird ja gar nicht mehr wiederkommen. Wie kommen wir denn bloß zu Hause rein – ohne Schlüssel?
Irma ist mit dem Treptow auf dem Motorrad abgezischt, kam erst wieder nach zwei, drei Stunden, und nach neun Monaten kriegte sie ein Kind.
Sie war wohl da schon gleich schwanger geworden!

Paul

Paul hab ich auch beim Tanzen kennengelernt. Da hatte Lotte ihre Finger im Spiel. Ich wollte ja gar nicht zum Tanz. Lotte war aber da und hat geguckt, was so los war auf dem Ball bei Stroß. Da kam sie nach Haus und sagt: »Du, da steht einer an der Theke, das wäre was für Dich! Der steht da so und hat dann über den Saal rüber geguckt, als wenn ihn nichts interessiert.«
Da hab ich gesagt: »Ach Gott, da geh ich doch nicht hin. Was soll ich da, wenn der sich nicht interessiert?«
Aber sie sagt: »Musst mal hingehen, musst mal hingehen! Kannst ja wiederkommen, wenn er dir nicht gefällt!«
Naja, hab ich mich umgezogen. Sie hat mir noch heile Strümpfe geborgt. – Das war ja früher so eine Sache mit den Laufmaschen. Heidi stopfte mir immer die Strümpfe für zwanzig Pfennig das Paar. Das waren solche Kunstseidenen damals. – Und ich bin dann hin.
Da saßen die Mädchen alle: Else Schüller, Marga Albrecht, Edith Behnke und Hedwig Mehde, und ich setzte mich denn dazu. Mein Paul stand gelangweilt an der Theke. Sah gut aus in seiner Uniform, fand ich. Das dauerte aber gar nicht lange, da kam er denn und forderte mich zum Tanzen auf.
Naja, da haben wir beide schön geschwoft. Er konnte gut tanzen. Denn mit einmal kam er mit dem Kopf immer näher. Da dachte ich, jetzt will der mir so an die Backe ran und schmusen, da hab ich ausgeholt und hab ihm eine geschmiert! Ja, er hat aber nichts gesagt. Er hat weiter getanzt mit mir. Ich hatte gedacht, er würde mich stehenlassen. Aber er hat mich den gan-

zen Abend geholt, immer wieder! Er sagte dann ja später, er hat gedacht: Na, die ist richtig! Die ist wie ein wildes Pferd. Die muss ich erst zähmen!

Wie es nun kurz vor Zehn war, hab ich gesagt:

»Jetzt muss ich nach Hause. Ich darf nicht länger bleiben, nur bis zehn Uhr.«

Da hat er gesagt, er wollte auch gehen, und ob er mich denn begleiten dürfte. Na, einerseits war ich froh. War ja auch im Winter, da war es denn schon dunkel. Ich bin denn so neben ihm hergegangen, da haben wir Blödsinn geredet, wie üblich so, nich.

Wir kommen an unser Haus, na, da war ja die Hölle los! Lotte und Irma oben im Fenster: »Ach Gott, Traute, unser Vater tobt! Mensch, komm bloß! Komm bloß schnell! Sei froh, dass die noch Karten spielen!«

Die spielten Skat, Rahn, unser Nachbar, Ewald und Vater. Also ich rein. Hab nicht mal auf Wiedersehen gesagt! Ich bin losgesaust wie aus der Rakete, rauf die Treppe mit drei Sätzen und dann rein ins Bett – gestiefelt und gespornt! Ich hab bloß gedacht: Gleich zudecken, wenn Vater rein guckt, bist du im Bett.

Und dann hörte ich, wie er rief von unten:

»Ist sie immer noch nicht da?«

Sagt Lotte: »Doch, doch, die liegt schon im Bett!«

Ja, wenn der gewusst hätte!

Und dann hab ich gewartet, bis ich Paul wieder mal traf. Und dann ging es wieder so zu.

Also mit Küssen war noch nichts! Nein!

Das hatte noch Zeit! Ich wollte mich ja immer aufheben für den Mann, den ich mal heirate. Ich hatte ja auch einen Courths-Mahler-Vogel, muss ich sagen. Ich hab immer diese Romane von Heidi gelesen.

Da dachte ich, es muss was ganz besonderes sein, was da kommt – idiotisch eigentlich – aber das war so. Wenn man jung ist, hat man eben so seine Rosinen im Kopf, nich!

Rote Suppe

Paul hat mich dann mal draußen vorbeigehen sehen, als er bei Wolff auf dem Ball war. Da kam er raus aus dem Saal mit seinem Freund Franz. Ich hatte meine Schuhe an für die Schlittschuhe, die waren ja damals noch nicht fest dran.
Das waren so mehr Jungenschuhe. Die hatte Großvater mir noch spendiert. Wir haben denn erst noch Blödsinn gemacht vorne bei Wolff.
Hab ich gesagt, sie sollten mir mal zeigen, wie man Parademarsch macht. Haben sie dann auch gezeigt. Die Hacke musste dahin, wo die Spitze hinzeigt, so ungefähr. Dann hab ich das nach probiert mit meinen Jungenschuhen. Naja jedenfalls, so ein bisschen Jux gemacht. Denn sagten sie, ich soll doch mal mit reinkommen. Wollte ich erst nicht, und ich war auch nicht angezogen dafür. Nachher haben sie mich denn doch überredet. Na ja, denn begleiteten sie mich nach Haus, hab ich mich schnell umgezogen und Lotte Bescheid gesagt, wo ich hinwollte, und wir dann wieder los zu Wolff auf den Ball. Die Männer erst rein geguckt, Kavalier natürlich, dann sagten sie:
»Na, wir können reingehen.«
Komm ich rein, wer steht da an der Theke? – mein Bruder Ewald! Der *hat* mich ja angeguckt, wie ich da gleich mit zwei Männern ankam! Aber ich ging ho-

heitsvoll vorbei! Ich kannte ihn einfach nicht! Ich hatte ihn noch nie gesehen! Und denn haben wir uns an einen Tisch gesetzt, und nachher hab ich bloß noch mit Paul getanzt, noch und noch und immerzu.
Da kam einer vom Arbeitsdienst und hat mich aufgefordert. Hab ich gesagt: »Nein danke, ich tanze nicht.« Ich merkte schon, dass das meinem Paul nicht recht war, wenn mich ein anderer zum Tanzen holen wollte. Der war eifersüchtig – damals schon! Na, da haben wir eben einen Tanz ausgesetzt und dann weitergetanzt, immerzu, bis wir nach Hause gingen.
Es war schon Dreie – drei Uhr morgens!
Nu hatte ich die Bange, die Haustür ist verschlossen. Aber Lotte war ja immer der rettende Engel! In der Küche hatte sie das Fenster angelehnt, dass ich durchsteigen konnte. Leider stand da aber so eine große Karbidbüchse vom Fahrrad fürs Licht – so Karbid, in einer Blechschachtel. Ich mach das Fenster auf, und die Büchse fällt runter! Hab ich einen Schreck gekriegt! Die hat vielleicht geschappert auf diesen Fliesen, aber kein Mensch ist aufgewacht! Dann bin ich hoch geschlichen, ganz leise. Die Stufen, die knarrten, die kannte ich. Die ließ ich immer aus. Und dann musste ich auch an Großvater denken. Ich musste ja an seinem Zimmer vorbei. Also wenn sich da einer mal einen Spaß gemacht hätte und auf der Treppe als Gespenst gesessen hätte, ich hätte einen Herzschlag gekriegt, glaub ich. Ich hätte gedacht, Großvater sitzt da. Er hat ja immer gesagt:
»Ich beobachte euch immer!«
Denn bin ich ins Bett. Ich dachte: Na, das hab ich nu geschafft. Jetzt ist der Schaden behoben, und keiner

hat was gemerkt. Außer Ewald und alle Leute aus Kublitz! Na ja!

Am nächsten Tag ging 's dann los!
Da hat Ewald, dieser Moralapostel, gesagt:
»Was willst du mit dem alten Kerl? (Ich war ja erst sechzehn und Paul schon vierundzwanzig) Na, du bist wohl auch nur so ein Mädchen für eine Mark fuffzig!«
»Was? Eine Mark fuffzig?«, sag ich. »Nee, Ewald, fuffzig Pfennig! Oder 'ne Tafel Schokolade!«
Ich hatte ja immer noch die Meinung: ich hab ja nichts gemacht! Ich hab ja nichts getan! – Ich hatte ja auch nicht! – Was hatte ich eigentlich getan? Getanzt bis morgens früh und schön war 's!
Aber wie es eben so ist, musste ich den Laden putzen zur Strafe, die ganzen Kacheln von oben bis unten. Ausschlafen gab 's nicht! Wer tanzen kann, der kann auch putzen! Aber das hat mir nichts gemacht! Das war mir mein Ausflug schon wert!
Und dann kam Vater. Solang hat er nichts gesagt, aber wie ich da am Putzen war, denn kam er und hat eine schöne Predigt gehalten. Denn hab ich gesagt: »Was hab ich denn gemacht? Ich hab nichts gemacht! Ich hab nur getanzt!« Da hat er die Tür zugemacht und gesagt: »Ich sollte dich verdreschen, dass dir die rote Suppe läuft!« ‚Rote Suppe' hat er gesagt. Nicht Blut, sondern ‚rote Suppe'. Denn hab ich die Besenschaufel genommen, hab sie ihm hingehalten und gesagt:
»Da bitte, schlag zu!«
Da hat er mich groß angeguckt, hat sich umgedreht und ist weggegangen.

Schwarzer Unterrock

Damals die Zeit war ja Heidi in Klein Silkow auf dem Gut und hat kochen gelernt. Aber Vater musste noch dafür Geld zahlen, im Monat dreißig Mark. Das war ja nicht umsonst. Heidi haben sie auch nur genommen, weil das unserm Vater seine Tochter war. Jedenfalls war sie denn da und hat das Jahr machen müssen, und unsere Irma war doch da schon schwanger vom ‚Schönen Herbert'. Lotte sagt zu mir:
»Guck doch mal! Mit Irma stimmt was nicht!«
Irma hatte sich aus schwarzem Satin einen Unterrock genäht. Ganz eng. Den zog sie sich immer über. Da hat sie sich denn rein gezwängt. Uns war das nicht geheuer, weil sie immer sagte, sie hat gar keine Periode mehr. Dann sagte Frau Fischer von gegenüber zu ihr:
»Na, Irma, ich weiß auch nicht, du nimmst doch zu, nicht?« Da hat Irma gleich drauf gesagt: »Denken Sie vielleicht, ich krieg ein Kind? Wenn ich ein Kind krieg, dann muss es vom Heiligen Geist sein!«
Aber dass der ‚Heilige Geist' Herbert Treptow hieß, das hat sie verschwiegen. Dann hat sie Mutter bekniet und gegen uns aufgehetzt. Und unser Knecht sagte denn: »Passt mal auf, eure Irma will euch aus dem Haus haben.«
Ich sollte zum Arbeitsdienst, und Lotte sollte in die Stadt ziehen. Damit lag sie unserer Mutter in den Ohren. Jedenfalls sollten wir beide weg, dass sie in Ruhe ihr Kind kriegen konnte.
Wir schliefen ja alle in einem Zimmer, nich.
Denn kam Heidi aus Silkow zu Besuch, und wir haben das alles mit ihr besprochen. Mutter hat sich denn bei

ihr über Lotte und mich beschwert, weil sie von Irma aufgehetzt worden war. Da hat Heidi gesagt: »Kümmere dich mal lieber um Irma! Die hat schon so viele Monate gar nicht mehr ihre Periode!«
Mutter fiel aus allen Wolken!
Die hatte nichts gemerkt. Dann los, ab zur Hebamme, als Vater nicht da war. Der sollte nichts wissen. Ewald ist gefahren mit ihnen – heimlich nach Stolp zur Hebamme Wolter. Die hatte mich auch auf die Welt gebracht. Das war meine Notpatin. Aber die hat dann gesagt: »Nee, Frau Milik, da ist nix mehr zu machen. Es ist schon siebenter Monat!«
Unsere Mutter war fertig, fix und fertig!
Naja, nu musste sie das ja Vater sagen.

Ich war mit Paul, kam aber pünktlich nach Haus um zehn Uhr, und ich denk: Was ist denn da los?
Mein Gott, hat unser Vater getobt! Mutter immer: »Sei doch ruhig, Erich, ruhig, ruhig!«
Er wollte uns alle umbringen! Sich hinterher! Diese Schande! Der hat sich ja erregt!
Ich hoch die Treppe, ich sag: »Menschenskinder, steht bloß auf! Vater kommt! Der will uns alle umbringen!«
Irgendwie hat unsere Mutter ihn aber dann doch ruhig gekriegt. Denn war Stille, da haben wir geschlafen.
Morgens hat Vater Irma zu sich befohlen ans Bett. Der lag da drin und hatte ein ganz schneeweißes Gesicht Den hatte das erregt! Seine Tochter! So eine Schande! Heute macht sich kein Deuwel mehr was daraus!
Naja, jedenfalls hat er dann zu ihr gesagt:
»Diese Schande hättest du uns ersparen können!«
Mehr haben wir nicht mitgekriegt.

Denn kam Irma raus, und wir haben sie gefragt:
»Na, was hat Vater gesagt?«
Denn sagt sie so: »Ach, was der babbelt oder nicht, ist doch mir egal!« So war sie eben. Ich kann sie nicht anders machen, wie sie war!
Für mich war es aber auch nicht schön.
Ich sitze da so mit Paul am Tisch bei Wolff, kommt Else Schüller und sagt: »Ach, eure Irma kriegt ja ein Kind!« Was sollt ich sagen – blamiert vor Paul? War mir ja auch nicht grade schön! Denn schrieb der Treptow Vater einen Brief. Er bedauert sein Verhalten und entschuldigt sich. Er will Irma heiraten und verspricht, Vater nur noch Freude zu machen. Irma wollte aber nicht hochschwanger vor den Traualtar. Na, da haben sie sie nach Nippoglense zu Herberts Familie geschafft. Da sollte sie dann heimlich ihr Kind kriegen. Das ganze Dorf wusste aber Bescheid, da hätten sie sie auch gleich zu Hause lassen können. Wäre auch egal gewesen, nich.
Unsere Mutter und Ewald sind denn jedes Wochenende nach Nippoglense und haben zu essen hingebracht, einen ganzen Waschkorb voll. Da hat Herberts ganze Familie von gegessen. Und dann musste noch sein Bruder zu uns aus Platzmangel. Aber zum Dank hat er uns was mit der Geige vorgejault. War wirklich nicht zum Aushalten! Mann, hat der herum gequietscht!
Aber er bildete sich ein, er wäre Paganini!

Essen Sie doch noch

Denn hat Vater verlangt, dass Paul sich vorstellt. War ja auch richtig so! Da hat er gesagt:

»Wenn der was taugt, dann kommt er hier nach Hause und stellt sich bei mir vor.«
Denn kam Paul auch zu meinem Geburtstag, wie ich siebzehn wurde.
Die Männer saßen alle beim Karten spielen, wie er rein kam, Onkel Oskar, der Unentwegte, und Onkel Benno, das war auch der Unentwegte von Besow. Wenn bei uns einer Geburtstag hatte oder was, waren die da – mit dem Fahrrad immer. Dann ging 's los mit Skat. Meistens auch noch Rahn dazu als vierter Mann.
Naja, mein Paul denn rein, Hacken zusammen, und dann wurde er gleich von der ganzen Verwandtschaft begutachtet. Aber er hat ihr gefallen!
Wir hatten schon Kaffee getrunken. Paul wollte wohl von Anfang an nichts essen und kam extra etwas später. Aber Lotte und Heidi ließen das ja nicht gelten. Jedenfalls haben die ihn dann vollgestopft, ein Stück Torte nach dem anderen.
»Ach, nu essen Sie doch noch was, Paul! Hier noch von der Trüffeltorte!«
Und er sagt immer: »Nein danke, ich kann wirklich nicht mehr!«
»Dies eine Stückchen noch. Die schöne Trüffeltorte, die müssen Sie probieren, Paul!«
Lotte ihm das auf den Teller, und da musste er essen.
Da war er doch schon so rot! Den Kragen von der Extra-Uniform so eng am Hals und denn noch essen. Da hab ich gedacht: Jetzt platzt der bald! So rot wie der war! Aber Vater war nu beruhigt. Er war zwar nie dafür, dass ich wer weiß wie lange wegblieb, aber er hat dem Paul denn vertraut, dass er mich rechtzeitig nach Haus brachte. Und das war auch so. Es ist ja auch die

ganze Zeit so nichts passiert, außer, dass man sich umarmt und geküsst hat und na ja, so anfing rumzutatschen. Nein, mein Paul war anständig zu mir, das muss ich sagen.

Irmas Hochzeit

Irma blieb in Nippoglense, bis sie das Kind geboren hatte. War ein Mädchen. Anita.
Dann hat Irma geheiratet in Kublitz – ganz in Weiß, mit Kranz und Schleier und allem Drum und Dran! Bestimmt an die fünfzig Leute waren da eingeladen. 1937 war das. Da kam dann die Köchin acht Tage vorher und hat alles vorbereitet bei Irmas Hochzeit – und sechs, acht Mann Musik – Irma, die immer behauptete, sie hat es so schlecht gehabt. Das gab's bei den anderen Hochzeiten dann nicht mehr. Diese war ja noch vor dem Krieg!
Wenn die Gäste dann mit ihren Kutschen vorfuhren, spielte jedes Mal die Blaskapelle auf. Alle Gäste wurden so ‚eingespielt', sagte man, und die Kapelle kriegte denn von jedem ein Trinkgeld. Da haben sie sich noch schön was nebenbei verdient.
Dann war die Hochzeit so: Die Braut, die unschuldige, wurde nebenan geschmückt bei Kolbes in der Wohnung. Kurt und Lotte, Paul und ich und das ganze Jungvolk gingen hin, die Braut abholen und sie dem Bräutigam zuführen. – Alles nur Theater wegen der Leute! – Dann ging es ab Haus mit Blasmusik voneweg, im Gleichschritt marsch, zur Kublitzer Kirche. ‚Jesu geh voran' wurde gespielt. Dann alle Mann in die Kirche rein, das Brautpaar zuletzt. Irma hatte

einen Brautstrauß aus weißem Flieder. Hatte sie sich gewünscht. Denn gaben sie sich das Ja-Wort und die Bläser spielten: ‚So nimm denn meine Hände'.
Als die glücklich Vermählten aus der Kirche rauskamen, war halb Kublitz da und hat gratuliert. Dann mit Blasmusik voran losmarschiert. Und denn spielten sie: ‚Jetzt hat er sie, jetzt hat er sie, jetzt muss er sie behalten'. Also denn war schon fröhliche Stimmung. Denn ging es los! Da wurde gegessen: Mittagessen mit drei Fleischgängen, Suppe voraus und hinterher denn Nachtisch und Eis. Hatte die Köchin alles schon vorbereitet. Da wurde das Eis noch selber gemacht, in einer Eisbombe, und denn musste das immer so gerührt werden. Naja, jedenfalls war das umständlich. Auch Obst gab 's in so hohen Schalen und Weintrauben. Da gab es den Kaffee denn erst so um Sechse rum und Abendbrot um Zehne. Und denn wurde getanzt – die ganze Nacht. So wurde gefeiert!
Aber Lotte und ich, wir haben kein Wort mit dem Treptow gesprochen. Den ignorierten wir.
Denn war die Hochzeit vorbei, und dann kam der Ernst des Lebens: Irma zog in eine Zwei-Zimmer-Wohnung in Stolp, voll möbliert, mit Teppich und allem und den Keller voll Kohlen gefahren. Alles bezahlt von Vater! Und jeden Sonnabend ging sie umsonst auf dem Mark einkaufen – bei Vater am Stand – Wurst und Fleisch!
Naja jedenfalls, Irma war die Erste, die aus dem Haus ging.

Das muss denn Liebe sein

Paul kam jetzt oft mit dem Motorrad aus Stolp mich besuchen. Dann saßen wir beide auf der Couch. Und in der Regel schlief ich denn ein, nich.
– Paul muss ja sehr unterhaltsam gewesen sein! –
Naja jedenfalls, ich schlief immer neben ihm ein. Da hat er mich geweckt und gesagt: »Ich geh jetzt. Ich bin doch nicht gekommen, um deinen Schlaf zu bewachen.« Dann ist er weg!
Und beim nächsten Mal schlief ich wieder ein.
Da wurde ich erst wach, wie ich sein Motorrad abfahren hörte. Nachdem ist Paul vier Wochen nicht gekommen! Ich wurde denn regelrecht krank. Ich konnte nix mehr essen und nicht schlafen.
Also ich hab mich total elend gefühlt!
Denn, eines Tags, kam Ewald an und sagt:
»Du, ich hab Paul heute getroffen. Der war auf einer Übung. Ich soll dich schön grüßen und er kommt heute Abend!« Also auf einmal war mir nüscht mehr!
Ich konnte auch wieder essen, und geschmeckt hat 's mir! Da dachte ich: Also, das muss denn doch Liebe sein!

Der Nackte

Denn tauchte mit mal der Nackte auf. Er hielt die Kublitzer Frauen mehrere Wochen in Atem, weil er ihnen immer auf der Kublitzer Straße auflauerte. Das war die Straße von Stolp nach Kublitz. Ich mein, er hat ihnen nüscht gemacht. Er entblößte sich bloß immer. Aber auch nur, wenn eine allein kam, nie, wenn zwei

Frauen waren.
Die erste, die mit ihm zu tun kriegte, war die Frau Lietz. Das war die Molkereibesitzersfrau. Die ist also ahnungslos auf dem Weg von Stolp nach Haus. Mit mal kriegt sie ein dringendes Bedürfnis. Naja, war schon dunkel, da hat sie sich hinter einen Schlehenbusch gesetzt. Und mit einmal fasst sie was am Hintern. Sie dreht sich um, da steht der Nackte vor ihr: Einen schwarzen Zylinder auf dem Kopf und eine schwarze Seidenschärpe um den Bauch und sonst splitternackt! Sie hat geschrien und geschrien. Da ist der Nackte verschwunden. Die Frau Lietz ist denn nach Hause gerannt, total geschockt. Die hatte so einen Schock gekriegt, die musste mehrere Tage im Bett liegen. So sehr hatte sie sich erschrocken!
Nu waren die anderen Frauen ja schon vorgewarnt. Die taten sich nach Möglichkeit zusammen oder ließen sich abholen aus Angst vor diesem Nackten. Aber immer ging es ja nicht!
Die Nächste, die er erwischte, war die Frau Lossin. Die ging, um sicher zu sein, mitten auf der Straße, nicht am Rand. Es war ja damals nicht viel Verkehr! Da ist sie gegangen, und mit einmal läuft ihr was so warm hinten am Bein herunter. Da hat der Nackte sie angepinkelt. Sie dreht sich um, und da steht er da wieder mit Zylinder und Schärpe. Sie hat sich natürlich fürchterlich erschrocken und geschrien. Na jedenfalls ist dann ein Auto gekommen. Und im Scheinwerferlicht haben die denn diesen nackten Mann gesehen, haben angehalten, und da war der Nackte verschwunden. Keiner hat ihn gefunden. Der war wie vom Erdboden verschluckt.

Dann ist die Polizei Streife gegangen, als Frau verkleidet, aber der Nackte ließ sich nicht blicken. Anscheinend hat der immer gewusst, wenn das die Polizisten waren.
Denn bin ich mal zum Nähen gewesen in Stolp, und Paul konnte mich nicht abholen. – Solange der Nackte auf der Kublitzer Straße herum spukte, hat er mich ja immer abgeholt. – Dieses Mal konnte er aber nicht. Denn musste ich ja nu allein nach Haus. Bin ich gegangen, hinter mir trappelt es! Denk ich:
Das ist der Nackte!
Wenn ich stehen blieb, da hörte das auf, wenn ich weiterging, denn trappelt das wieder. Ich war vielleicht in Panik! Also, es war wirklich grauslig!
Nu war es aber nachher ein Mädchen aus Kublitz. Die hatte genau dieselbe Angst wie ich. Wir dachten gegenseitig, wir wären der Nackte. Also wir waren beide in den Bohnen! Aber gekriegt hat ihn dann die Elsbeth Maas. Das war die letzte, die er belästigt hat. Die war Kindermädchen in Schweden und bei ihrer Mutter zu Besuch zu der Zeit. Hat sie gesagt: »Also ich weiß nicht, Mutter, wenn mir noch der Nackte begegnet, ich nehme lieber den Schirm mit, obwohl es ja nicht nach Regen aussieht.«
Und tatsächlich, wie sie denn abends nach Haus ist, kommt der Nackte, Zylinder auf und Schärpe um den Bauch. Da hat sie den Schirm auf ihm kaputt gedroschen. Der war total kaputt. Die Polizei hat ihn noch als Beweismittel mitgenommen..
Später hat die Polizei den Nackten denn gekriegt.
Da waren unter der Straße bei unserer Wiese so große Rohre, und da hat er sich drin umgezogen und gelau-

ert, bis eine Frau allein ankam. Denn tauchte er plötzlich auf und war genauso schnell auch wieder verschwunden. Da saß der in den Rohren, nich.
Und gewohnt hat er in der Gartenstraße in Stolp.
Er war nicht normal!
Sie haben ihn in eine Anstalt gebracht. Denn war Ruh, und wir Frauen konnten wieder allein auf die Straße.

Verlobung

Pfingsten 1938 wollten Paul und ich uns verloben.
Mutter meinte: »Naja, ich bin einverstanden, aber Paul muss noch erst Vater fragen.«
Paul hat sich denn in Schale geschmissen und ist rein zu Vater um meine Hand anhalten. Ich stand natürlich auf der Lauer, was würde Vater nu dazu sagen. Denn kam Paul. Sauer war er bis da unten. Sagt er:
»Er hat ‚nein' gesagt!«
Sag ich: »Und? Was nu?«
Sagt er: »Da hab ich zu ihm gesagt: Herr Milik, denn behalten Sie Ihre Tochter!«
Naja, da hat Vater eigentlich recht gehabt.
Ich war jung, erst achtzehn Jahre. Da fängt das Leben ja erst richtig an. Aber das hab ich gar nicht eingesehen. Ich fühlte mich erwachsen genug. Wir sind denn zu Mutter hin, ich heulend, Paul wütend!
Mutter war ja immer beschwichtigend. »Nu regt euch man nicht auf! Ich bring das schon in Ordnung!«
Ich weiß nicht wie, aber schließlich hat sie Vater dazu gebracht, er willigte denn auch ein.
Die Verlobung fand wie geplant statt!

Paul zur Bahn

Dann wurde das 5. Reiterregiment in Stolp aufgelöst. Das gehörte noch zum Hunderttausend-Mann-Heer. Nach dem 1.Weltkrieg durften wir ja nicht mehr Militär haben. In dieses Regiment wurde dann aber auch nicht jeder aufgenommen, nur die Besten. Auch Paul!
Wir waren im Garten, da hat Paul gesagt:
»Ich soll jetzt zur Flak nach Peenemünde, weil unser Regiment aufgelöst wird. Was soll ich bloß machen?«
Er wollte nicht weg, er wollte in Stolp bleiben und war so richtig verzweifelt.
»Ach«, hat er gesagt, »am besten schieße ich mir eine Kugel in den Kopf!«
Hab ich gesagt: »Also so eine Spinnerei! Da wird es doch eine andere Möglichkeit geben!«
Sagt er: »Wo soll ich denn hin?«
Sag ich: »Naja, Kurt ist jetzt bei der Bahn! Du kannst doch auch zur Bahn gehen!«
Glücklicherweise ließen die vom Militär ihn gehen. So kam Paul vom Militär weg und zur Bahn, nich.
Paul durfte dann zu uns ziehen. Er schlief mit Ewald zusammen im Zimmer und hat bei uns gegessen. Dafür musste er dann vierzig Mark im Monat zahlen. Lotte zahlte das auch, freiwillig. Vater wollte das ja nicht, aber sie hat darauf bestanden, weil sie denn schon in Stolp gearbeitet hat.

Nasenbluten

Kurt und Paul haben sich prima verstanden, besser wie Brüder. Da waren wir fast immer zusammen. Wir

zogen denn zu viert los. Lotte, Kurt, Paul und ich.
Vater war ja denn großzügig und gab uns das alte Auto. Paul hatte den Führerschein, und denn konnten wir fahren. Wir fuhren nach Stolpmünde an die Ostsee zum Baden, nach Stolp ins Kino oder zum Tanzen!
Dann waren wir mal in Stolp im Wallhaus auf dem Ball, und Kurt hat Nasenbluten gekriegt. Paul mit ihm denn raus in den Garten, um das Blut zu stillen. Jedenfalls, Lotte und ich saßen alleine am Tisch. Da kam einer aus Frankfurt, hat er gesagt: »Ach, Sie haben so schicke Kleider an. Sie sehen so elegant aus. Sie müssen doch bestimmt aus Berlin sein!«
Wir haben uns amüsiert und den so bisschen veralbert und rumgequatscht, und mit einmal steht mein Paul am Tisch: »Was haben Sie hier verloren? Entfernen Sie sich!« Der war so platt, der ist gleich abgezogen.
Naja, wir hatten halt schicke Kleider an. Wir trugen immer Kleider, die andere nicht anzogen. Alle aus den Modezeitschriften oder aus den Filmen abgeguckt.
Hat alles Heidi genäht. Sie hatte ja nähen gelernt – sechs Monate. Heidi musste alles lernen, Handarbeit, ein ganzes Jahr, alles, was es zu häkeln und zu stricken und zu sticken gab, musste sie lernen – Seidenmalerei, Kavalierstücher in der Ecke ein Schmetterling – alles eben!
Heidi war auch belämmert dran, die musste ja auch ein ganzes Jahr auf dem Gut kochen lernen. Wir nicht! Wir haben uns einfach geweigert. Man muss sich weigern! Heidi hat sich nicht geweigert.
Aber die Ältesten haben es ja immer am schwersten. Ich hatte es immer ganz leicht, ich wollte nicht, dann brauchte ich nicht! War eine schöne Zeit!

Von unseren Mädchenzimmern aus
konnte man die Kirschen direkt vom Baum essen

Ich im Schnee

Frisch verliebt
Paul und ich

Im Garten bei der Laube
v.l.: zweite ich, vierter Paul, fünfte Lotte, sechster Kurt,
vorne rechts Ewald

Hinterm Hof mit unserem Protos-Automobil
und Box, unserem Hund

Ausflug nach Stolpmünde
Lotte und ich mit unserem Protos

Wir fünf Geschwister
v.l.: Irma, Heidi, Ewald, ich, Lotte

3. von rechts : Paul bei den Soldaten des
5. Reiterregiments in Stolp

Ewald als Soldat, ganz rechts

Lotte, Kurt, ich und Paul
in der Waldkatze

4 Hochzeiten und Kinderkriegen

Hitler

Hitler? Was hat denn der mich interessiert?
Nüscht!
Als der 1933 an die Macht kam, war ich dreizehn! Da war mir das doch egal, wer da oben regiert! Von mir aus hätte es auch ein Schornsteinfeger sein können!
Ich hab auch nicht gemerkt, dass es mir jetzt besser ging oder was. Ich hab auch vorher nüscht vermisst! Wir hatten Auto und Telefon, und in Stolp konnte man alles kaufen. Da gab's alles! Wir kannten doch schon Paranüsse, Apfelsinen, Krokant und so etwas alles. Wurst und Fleisch hatten wir selber im Laden!
Schon damals, bevor Hitler kam!
Aber den kleinen Leuten, den Arbeitern, denen ging's ja nun wirklich besser. Die kriegten alle mehr Lohn. Und ihre Kinder fuhren mit dem Jungvolk oder der Hitler-Jugend ins Zeltlager und machten Ferien! Die Arbeitslosen waren alle von der Straße – und es waren sechs Millionen gewesen! Die Bauernhöfe wurden entschuldet und Erbhöfe eingerichtet. Das war doch alles prima für die Leute! Da konnte man doch nicht gegen Hitler sein! Der hat doch damals innerhalb kurzer Zeit ein Wirtschaftswunder vollbracht. Das hat doch keiner für möglich gehalten! Dem liefen doch in Scharen die Leute zu. Alle waren sie begeistert!
Die waren doch keine Hellseher, dass sie das, was am Ende geworden ist, gewusst haben. Hitler brach die

Verträge, wie er wollte, und der Versailler Vertrag war nachher bloß noch Papier. Weg mit den Reparationszahlungen! Weg damit! Das hat die Leute gefreut! Heil Hitler!
1935 führte Hitler die allgemeine Wehrpflicht wieder ein. 1936 marschierten sie denn ins Rheinland ein. 1938 Anschluss Österreichs ans Deutsche Reich und im gleichen Jahr das Sudetenland. Gejubelt haben sie alle! »Hurra! Heim ins Reich! Heil Hitler!«
Also ich glaube immer so: Wenn den Hitler damals der Schlag getroffen hätte oder wenn der einem Attentat zum Opfer gefallen wäre, der wäre womöglich noch als der größte deutsche Staatsmann in die Geschichte eingegangen. Dem hätten sie wahrscheinlich noch den Friedensnobelpreis hinterher geschmissen ins Grab. Da wäre uns eine Menge erspart geblieben. Aber so machte der immer weiter mit dem Großdeutschen Reich. Er hätte doch jetzt aufhören sollen – aber nein – er dachte gar nicht dran! 1939 im März kamen noch Böhmen und Mähren und das Memelland dazu – und dann marschierten sie ein in Prag. Das war alles noch ohne Blutvergießen, ohne Krieg. Hitler nannte das ‚die Befriedung Europas'. Und das Ausland war baff und schaute zu! War bloß die Frage, wie lange noch? Da fingen sie dann auch alle an aufzurüsten und sich untereinander zu verbünden, weil sie Angst kriegten vor Hitler und den Deutschen, nich.

Kriegsausbruch

Denn ging das immer weiter und immer näher zum Krieg, kann man sagen. Danzig wollte nu auch ‚Heim

ins Reich'! Da gab es denn Spannungen mit Polen wegen des polnischen Korridors. Es hieß, die deutsche Minderheit wird drangsaliert von den Polen. Deutsche Bauernhöfe brennen. Denn laufen die Deutschen in Kornfelder und verstecken sich. Das war auch so!
Ich hab es später von Pauls Verwandtschaft gehört! Die wohnte ja da! Da haben sie gedroht, Unsere in der Regierung, wenn das nicht aufhört, dann marschieren sie ein in Polen. Vater sagte schon immer:
»Na, es wird doch keinen Krieg geben?«
Dann wurde der Radio-Sender Gleiwitz überfallen. Dass die Deutschen das gemacht hatten, das wusste man ja nicht. Woher sollte man das wissen?
Und denn war 's soweit:
Am 1. September 1939 brach der Krieg aus!
Naja, jedenfalls war denn mit einmal Krieg. Unsere Mutter kam nach oben in der Nacht noch und hat uns geweckt. Denn hat sie gesagt: »Kinder, wacht auf! Es ist Krieg!« Und wir haben noch so gesagt:
»Solln wir etwa deshalb aufstehen oder was?«
Wie man so ist, schnoddrig und so. Wir waren jung! Wir haben das doch gar nicht begriffen, was das heißt – Krieg! Aber das war nicht so, dass da alle gejubelt hätten. Die allermeisten haben gar keinen Krieg wollen! Jedenfalls alle, die im 1. Weltkrieg gewesen waren, die wussten Bescheid, was Krieg heißt! Die wollten bestimmt keinen! Also gejubelt? – Da könnte ich mir nicht denken, dass in Kublitz jemand gejubelt hat. Jedenfalls war das denn doch schlimm, nich.
Ewald musste ja gleich weg, ziemlich am Anfang und Kurt auch. Aber Paul hat den Polenfeldzug nicht mitgemacht. Darüber war ich froh!

Wir gingen ins Kino und zum Tanzen, und ich war verliebt und glücklich mit Paul. Ich war neunzehn Jahre. Aber dann war der Krieg ziemlich schnell zu Ende. In achtzehn Tagen war Polen besiegt.
Wir alle dachten: Das war 's!
Frankreich und England hatten uns zwar den Krieg erklärt wegen dem Beistandspakt mit Polen. Aber Danzig war nu wieder deutsch, was sollten sie jetzt noch dran ändern wollen? Da konnten sie doch kein Interesse dran haben!

Hochzeit

Aber wie gesagt, das hat mich damals alles nicht so interessiert. Ich hatte doch ganz anderes im Kopf!
Paul war mir da viel interessanter. So war das!
Denn haben wir, also Paul und ich, beschlossen, dass wir heiraten. Vater hatte nichts dagegen. Da haben wir die Hochzeit auf den 26. Dezember gelegt, weil das ja Weihnachten war, und wir dachten, dass alle, die jetzt an der Front waren, Heimaturlaub kriegten. Aber da dachten wir falsch, es kam von denen keiner!
Die Hochzeit war auch nicht so groß, aber es war genug zum Essen da, und Musik hatten wir auch zum Tanzen. Wenn es auch bloß eine Zwei-Mann-Kapelle war. War eine schöne Hochzeit!
Gab auch drei Fleischgänge und eine Suppe vor und Speisen nach. Dann wurde getanzt!
Und nachher hab ich mein Brautkleid ausgezogen, dass ich mehr Bewegung hatte, und denn *haben* wir getanzt, die ganze Nacht bis morgens früh um Achte. Da spielten sie denn ‚Guten Abend, gute Nacht'.

Danach haben wir noch gefrühstückt und sind denn schlafen gegangen. Ich schlief aber nicht bei Paul. Ich schlief alleine und er auch.
Er schlief in Ewalds Zimmer, und ich schlief wie sonst auch in meinem gewöhnlichen Bett, wo ich immer schlief. Dann hab ich das aber so getrieben, dass ich die nächsten vierzehn Tage immer noch nicht mit Paul zusammen war. Denn hat Heidi gesagt:
»Jetzt ist Schluss! Raus aus unserem jungfräulichen Zimmer!«
Na ja, da musst ich ja dann mit Paul im Gästezimmer schlafen, nich!

Peter

Ich wollte ja sofort ein Kind haben. Und da war ich schon ganz in Panik, dass ich Ende Januar noch meine Periode kriegte. Denn hat es aber doch geklappt, und ich war schwanger.
In Frankreich kam es nu doch zu Kriegshandlungen, und Paul musste – im April oder Mai war das – nach Frankreich von der Bahn aus. Da wurde er versetzt. Ich hab noch gesagt:
»Gott sei Dank, da brauchst du nicht Soldat sein.«
Dann war ich halt allein, aber ich hab mich auf dies Kind gefreut, Mensch, wie Deuwel! Da hat die Maria Mucke immer im Radio gesungen: ‚Peterle, mein liebes Peterle'. Denn hab ich gesagt:
»Wenn das ein Jung wird, der muss Peter heißen!«
Der Name war in Pommern nicht so üblich. Ich wollte ja immer was, was nicht so üblich ist.
Die Geburt, die war aber schlimm, Jesses Maria!

Erst einmal wollte ich die Hebamme nicht, die wir im Dorf hatten. Die war mir nicht gut genug. Ich wollte eine aus der Stadt, eine ausgebildete, junge, so eine richtige Halbstudierte. Und was passierte, als ich sie brauchte? Ihre Mutter sagte: »Ja, meine Tochter ist im Café Reinhardt zum Tanzen und nicht zu erreichen. Und beim ersten Kind dauert es ja sowieso etwas länger.« Aber das war nicht der Fall!
Abends um Sieben gingen die Wehen los, und dann bin ich im Kreis gelaufen! Irma war gerade da und ich sag: »Irma, wie ist das denn nu eigentlich mit dem Kinderkriegen?«
Sagt sie: »Das wirst du denn schon merken!«
Und ich bin da herum marschiert und Heidi immer hinter mir her: »Soll ich dir einen Tee machen? Soll ich dir den Rücken massieren?«
Ich sag: »Du sollst mir vom Leib bleiben! Lass mich doch in Ruh, Mensch!«
Mutter sagte dann: »Mädchen, das ist aber ganz schön weit schon!« Sie musste ja Bescheid wissen, sie hatte sieben Kinder geboren. Also denn hat sie angerufen, nu doch die Hebamme Wolter, aber die meldete sich nicht! Da hat Mutter das Telefonbuch gewälzt, und da war eine Hebamme Marzusch. Die hat sie denn erreicht, und Ewald ist gleich los und hat sie abgeholt mit unserm Protos. Na, es war auch höchste Zeit!
Um neun Uhr ging das Fruchtwasser weg und um zehn Minuten nach neun kam Ewald endlich mit der Hebamme. Dann ging es los. Meine Herrn, da kriegte ich Wadenkrämpfe! Die Hebamme hat massiert und massiert, und die Beine haben geflattert, dann bin ich gerissen! Und als das Kind endlich da war, dann

kriegte ich einen Blutsturz. Da haben sie mir denn eine Schüssel untergeschoben. Erst hat noch die Frau Marzusch versucht, das Blut zu stillen. Hat sie zu Heidi gesagt: »Holen Sie mir schnell ein Bügeleisen!«
Und unsere Heidi steckt das in die Steckdose.
Da sagt die Hebamme: »Um Gottes Willen, das soll nicht heiß sein! Ich will das nur so rein drücken, um das Blut abzuklemmen.«
Und ich lag auf dieser Schüssel und hab immerzu auf Paul geschimpft: »Der ist schuld! Der ist schuld! Und das ist das erste und das letzte Mal! Kein Kind mehr!"
Ewald hat angerufen, nu den Arzt holen.
Dieser Arzt kam – und das war so ein Grobian. Der hatte mich während der Schwangerschaft schon zwei Mal untersucht. Der drehte eine 200-Watt Birne ein, dass er gut sehen konnte, nahm eine gebogene Nadel, und dann fing er an zu nähen. Der sticht zu, ich ließ einen Schrei los! So hatte ich noch nie geschrien, da raunzt der mich an: »Was soll das? Die paar Piekser werden Sie doch wohl aushalten! Das muss jeder Zuckerkranke aushalten!«
Der hat sieben Stiche genäht, ohne Betäubung, aber ich hab keinen Mucks mehr gemacht. Denn sagt er: »Na, sehen Sie, so schlimm war es doch gar nicht.«
Ich sag: »Sie! Sie haben doch keine Ahnung, oder haben Sie etwa schon mal ein Kind gekriegt?«
»Nu beruhigen Sie sich doch, Herzchen!«
»Ich bin nicht Ihr Herzchen! Und ich beruhige mich nicht!« Dann hab ich das Kind gesehen in der Wiege.
Mein Gott, ich konnte die ganze Nacht nicht schlafen. Ich hab bloß immer rein geguckt in die Wiege.
Mutter hat denn bei mir geschlafen noch die Nacht.

Und wenn der Jung bisschen geblubbert hat – die Hebamme hatte gesagt: ‚Er hat zu viel Fruchtwasser geschluckt' – und wenn der sich bloß gedreht hat, bei jedem bisschen rief ich: »Mutter!«
Denn Mutter auf, sie wieder Licht gemacht! Die hat die ganze Nacht auch nicht geschlafen. Naja, wie das dann vorüber war, mein Gott, hab ich das Kind geliebt, mein Peterchen!

Waschküche

Ich hatte ja ein schönes Wochenbett.
Unsere Heidi und unsere Mutter, die haben mich gepflegt. Ich kriegte nur das Beste, Spargelsuppe, nur die Köpfe. Die haben mich verwöhnt!
Paul kam denn zur Taufe auf Urlaub. Jesses Maria, der *hat* sich über das Kind gefreut, genau wie ich. Denn hab ich auch nicht mehr gesagt, dass ich kein Kind mehr wollte. Paul musste aber bald nach der Taufe wieder zurück nach Frankreich.
Doch zum Glück wurde da nicht mehr gekämpft. Das war auch wieder mal so ein Blitzkrieg gewesen. Und nach ein paar Wochen kam es denn zum Waffenstillstand, und durch Paris zogen deutsche Truppen!
Danach habe ich mir in den Kopf gesetzt, ich wollte unbedingt eine eigene Wohnung, wenn Paul zurückkommt. Ich bin überall rum. Das ging und ging nicht voran, und das zog sich in die Länge. Da sagt Tante Lina, ich sollte mal kommen, sie hätte eine große Waschküche. Die könnte man unterteilen. Ich ging auch hin. Wie Vater hörte, ich wollte in die Waschküche ziehen, sagt er: »Jetzt ist aber Schluss! Also das

gibt es in gar keinem Fall!«
Ewald war ja beim Militär. Da haben Lotte und Heidi in seinem Zimmer geschlafen, und ich kriegte denn unser großes Mädchenzimmer und das Gästezimmer, wo ich immer mit Paul drin schlief. Da war aber denn ein Herd drin. Da konnte ich kochen, wenn Paul auf Urlaub kam. Denn kriegte ich neue Möbel und schöne Gardinen, und dann hab ich mich wohl gefühlt. Jetzt war ich erst richtig verheiratet, nich.
Paul war zwar nicht da, aber ich war vollkommen glücklich mit meinem Peterchen. Morgens lag ich denn mit ihm im Bett und hab gespielt mit ihm und ihm was vorgesungen. Heidi und Lotte waren ja auch ganz vernarrt in ihn und Vater und Mutter sowieso!
So wuchs mein Peterchen heran. Paul kannte er nur von den Besuchen und von seiner blauen Eisenbahner-Uniform her. Denn kam mal der Briefträger rein und Peter rief: »Papa. Papa!«
Naja, der hatte auch eine blaue Uniform an wie Paul.

Ritt auf der Sau

Bei Kriegsbeginn waren ja Lebensmittelmarken eingeführt worden, da gab es alles nur noch auf Marken zu kaufen. Wir kriegten dann auch das Fleisch für die Fleischerei zugeteilt.
Man durfte nur noch gegen Fleischmarken verkaufen, und die Marken mussten abgegeben werden. Wir klebten die immer auf so große Zeitungen. Mehl und Wasser angerührt als Klebstoff. Mutter konnte aber nicht ‚nein' sagen, wenn da welche von der Front waren.
»Frau Milik, haben Sie nicht bisschen was ohne Mar-

ken?« Da hat sie immer gegeben.
»Ach, der Jung ist so ausgehungert!«
Nachher fehlten uns die Marken. Nu standen wir da. Vater kannte aber einen großen Bauern, in Lillemin, glaub ich, war das. Mit dem hat er verhandelt, und der sagte: »In Ordnung, wir schlachten eine große Sau!« Heimlich, schwarz, natürlich!
»Kommt alle mit«, sagt Vater, »dass das aussieht, wie eine Spazierfahrt.« Wir alle rein in unseren Protos, und Paul ist gefahren. Er hatte gerade Heimaturlaub! Nu, wie die Sau denn geschlachtet war, haben wir die Rücksitze ausgebaut, dass die Sau auch Platz hatte hinten im Wagen. Denn mit einer Decke zugedeckt. Und da saßen wir fröhlich auf der Sau. Lotte und Peter und ich, wir saßen auf dem Schwein! Paul fuhr und neben ihm saß Vater. Dann stimmten die Marken wieder. Fiel sogar noch was für uns ab.
So konnte man immer wieder was ergattern. Wir haben den Krieg nicht so gemerkt im Essen. Wir haben selber Gänse gehabt und Hühner. Da hatten wir Schafe für die Wolle und so. Naja, da hatte man Kühe, hatte Milch, hatte Butter. Dann haben wir auch immer heimlich gebuttert. Die Klingel an der Zentrifuge hatte Mutter abgemacht, dass das keiner hören konnte, wenn gebuttert wurde. Wann die Hühner zählen kamen, das wusste der Rahn immer. Der hat auf dem Bürgermeisteramt ausgeholfen. Denn kam er und sagte: »Frau Milik, morgen ist Hühnerzählung.«
Naja, dann haben wir eben zwanzig Hühner in den Keller weggesperrt. Denn blieben eben mehr Eier für uns übrig. Das wurde damals alles gezählt: Wie viele Hühner man hatte, wie viele Eier man abliefern muss-

te, alles wurde da gezählt. Kleider, Textilien und Schuhe gab es auch nur noch auf Bezugsschein. Das war alles knapp! Aber wir trugen trotzdem immer schicke Kleider und Schuhe. Die schickte Paul uns aus Frankreich. Was hat dieser Mann Pakete geschickt! Und auch Babysachen für Peter in hellblau und denn später für Lottes Tochter Iris in rosa, feine Babyschühchen mit Schwanenflaum abgesetzt. Wie ein Püppchen hat sie ausgesehen. Wirklich!
Aber nicht, dass Paul nu geklaut oder geplündert hätte, nee, das hat er alles regulär gekauft.

Der gehaltvolle Kuchen

Na jedenfalls, wir schickten immer Pakete an Paul nach Rennes, wo er stationiert war. Denn schrieb ich ihm: Lieber Paul, der Kuchen ist wieder sehr gehaltvoll. Da wusste der Bescheid, da ist Geld drin. Das hatten wir einfach eingebacken in den Kuchen.
So haben wir das immer gemacht, nich!
Wenn Paul aus Frankreich kam, war er hoch bepackt. Einmal kam er mit zwei Hutschachteln an. Die hatte er den weiten Weg von Rennes bis nach Kublitz im Zug mit sich rumgeschleppt. Da hatte er Lotte und mir jeder einen Hut mitgebracht. Das waren vielleicht verrückte Dinger! Lottes war so ein kleines schräges Ding und meiner war größer mit einer Schleife vorne! Da sagten die Kublitzer Weiber:
»Ach, was habt ihr für schöne Hüte auf! – Also damit würde ich nicht gehen!«
Na, aber wir trugen sie! Und schick waren sie!

Lottes Hochzeit

Lotte und Kurt haben im Mai 1942 geheiratet. Da war dann alles schon knapper. Aber Mutter hatte wieder genug ran geschafft. Das Übliche, drei Fleischgänge, eine Suppe und Nachspeisen. War alles da. Aber Paul konnte nicht kommen, Ewald und viele andere auch nicht. Da machten wir Noteinladungen, damit genug Leute da waren. Wir luden dann auch die Frickes ein. Erich Fricke war von Potangow zu uns versetzt worden von der Polizei aus. Er hatte eine Zeitlang bei uns gewohnt, bis die Dienstwohnung frei wurde und er seine Frau und seine Tochter Brigitte nachholen konnte. Denn kam der Schattauer. Er hatte unseren Wachtmeister Kolbe abgelöst – Kolbe war pensioniert.
Na ja, jedenfalls kam der Schattauer zu uns ins Geschäft und hat sich beschwert, warum er nicht eingeladen wäre. Er wäre doch der Ranghöhere als der Fricke. Unsere Lotte hat gesagt: »Zu meiner Hochzeit lade ich immer noch ein, wen ich will!«
Na, wir mochten ihn nicht. Der Schattauer, das war so ein scharfer, mehr so ein Linientreuer von der Partei. Wir luden ihn nicht ein!
Ein paar Tage nach der Hochzeit musste Kurt aber schon wieder an die Front!

Stefan

Jedenfalls die Männer waren alle im Krieg. Da waren wir froh, als wir unseren Stefan kriegten. Da wurde im Bürgermeisteramt von Kublitz bekanntgegeben, dass man in Stolp polnische Arbeitskräfte bekommen

konnte. Das war zur Erntezeit 1942. Na, unser Vater denn hin und hat sich den Stefan geholt. Stefan war polnischer Kriegsgefangener. Der konnte gut deutsch, fast fließend. Er kriegte die Stube, wo die Gesellen sonst drin waren, und die Kammer dazu.
Das wurde denn ‚Stefans Stub'.
Bei uns war das so: Der Stefan aß in der Küche. Wir hatten ja früher im Zimmer acht Mann am Tisch mit Großvater. Und das Personal aß immer in der Küche. Und das blieb auch so, als nur noch die Polen, der Lehrling und das Dienstmädchen da waren. Die aßen zwar alle in der Küche, aber die kriegten dasselbe Essen wie wir auch. Jedenfalls war mit Stefan wieder ein Mann da für die Männerarbeit bei der Ernte, nich.
Im November kam denn noch unsere Janinka dazu.

Jungfrau Maria

Also unsere Janinka war ja sehr fromm, nich.
Denn hat sie sich so ein Heiligenbildchen von der Mutter Maria aufgebaut. Das war nicht größer wie so ein Bild aus der Zigarettenschachtel, und jeden Abend denn davor gebetet, den Rosenkranz rauf und runter.
Anfangs war sie schon unglücklich! Dass sie Heimweh hatte, das glaub ich auch. Aber wie sich denn Stefan um sie bemüht hat, da dauert es nicht lang und Janinka schlief bei ihm in seiner Kammer. Da hatte sie ganz vergessen Mutter Maria. Ich sag denn so zu ihr: »Aber, Janinka, du machst Todsünde! Was sagt denn die heilige Jungfrau dazu?«
»Ach, weißt, Trautscha (sie sagte immer Trautscha zu mir) Janinka jetzt machen Liebe. Weiß nich, was

kommen später. Ich jetzt weiß, was ist Liebe. Später ich erklären heilige Jungfrau Maria.".

Klöße

Wenn Janinka unsere Mutter gefragt hat: ‚Darf Janinka machen Klöße für Stefan aus rohe Kartoffel?', hat unsere Mutter gesagt: »Wenn du willst, mach. Hasten Stück Speck, kannste rüberbraten.«
Janinka hat diesen Teig gemacht, Hände nass, einen Kloß gerollt und denn – batsch – lag der Kloß auf ihrem Arm. Wieder einen Kloß gerollt – batsch – lag der zweite Kloß da. Sie hatte denn bestimmt an die sechs Klöße auf ihrem Arm zu liegen und rein in den Topf. Ich denk heute noch, wie hat sie die gehalten? Die hielten fest an ihrem nackten Arm. Nie ist einer runtergefallen! Und so hat sie denn so einen Topf voll gekocht und Speck und Zwiebel rübergebraten. Sie haben das gerne gegessen. und Mutter sagt:
»Mach es!«

Leo und Schattauer

Schattauer kam denn ab und zu mit paar Mann kontrollieren wegen der Polen. Bei Ehlerts nebenan war ein Pole, der hieß Leo. Und Ehlerts Leo, der saß immer bei denen am Tisch, und an diesem Tisch aßen sie alle. Da kamen die kontrollieren und haben das verboten, bloß weil er Pole war. Ehlerts haben gesagt:
»Wo soll denn der sitzen? Er kann doch hier am Tisch sitzen!«
Nein! Im gleichen Zimmer konnte er bleiben, aber am

Fenster sitzen und auf der Fensterbank essen. Ist doch Schwachsinn, oder?
Naja. Aber der Leo hat so für Ehlerts geackert, als wenn es für sich war. Leo hat dürfen alles so machen, wie er es für richtig fand, und Ehlerts fanden das auch in Ordnung und gut! Das war ja auch, wenn du sie schon gehört hast – die alte Frau Ehlert – ‚Ach, unsern Leo, unsern Leo!'
Naja, Bruno, ihr Sohn, war im Krieg, und Leo hatte volle Narrenfreiheit. Was Leo sagte, das war Gesetz, sozusagen. Tatsache, so war es!

Warnsignal

Mutter hatte wegen der Kontrolliererei mit Stefan ein Warnsignal ausgemacht. Denn rief sie:
»Stefan, bist du zu Hause?«
Da wusste der Bescheid: Schattauer macht Kontrolle. Na, denn konnte Janinka verschwinden. War ja auch verboten und wurd bestraft. Und Silvester kriegte Stefan von unserer Bowle und unseren Krapfen, da konnte er mit anderen zusammen feiern in seinem Zimmer.
Naja, wir feierten Silvester, und die Polen feierten auch – in Stefans Stube. Wer weiß, was dieser Schattauer gemacht hätte, wenn der in der Kammer die Polen gefunden hätte?
Da hätten Unsere noch was abgekriegt. Die hätten das doch ganz anders ausgelegt. Die legen das ja so aus, dass die Polen nu gegen Deutschland was im Schilde führen und Sabotage machen wollen, was weiß ich! Die legen das doch nicht so aus, dass sie sagen, die feiern man bloß Silvester!

Von Schattauer ging auch das Gerücht, dass er im Nachbarort einen Polen gefangen hätte, der was mit einem deutschen Mädchen gehabt hat. Da sollen sie das Mädchen kahlgeschoren und den Polen aufgehängt haben. Aber was Genaues wussten wir nicht!

Stefan, huhu!

Bei Janinka hab ich Polnisch gelernt: Am Abend auf der Heide, da hab ich meine Freude, und so was alles. Sie hat mir das auf Polnisch beigebracht und ich ihr das auf Deutsch.
Also Janinka war ganz verrückt auf Kinder. Iris war ja erst im Februar 1943 zur Welt gekommen. Janinka hat sie immer gewiegt und geschuckelt und ihr polnische Lieder vorgesungen. Und sie schlief so schön!
Peter und Iris sind ja sozusagen groß geworden mit polnischen Wiegenliedern. Na jedenfalls, wenn Janinka aufgepasst hat auf die Kinder, denn konnten Lotte und ich beruhigt gehen, ins Kino in Stolp und so.
Wir waren ja vier junge Frauen und Janinka nu in unserem Alter. Da konnten wir sie leicht von Kopf bis Fuß neu einkleiden. Da hat sie sich ein Handtuch um den Busen und mit einer Sicherheitsnadel festgesteckt. Denn sag ich zu ihr: »Janinka, was machst du da?«
Sagt sie: »Ist gut für Zitzki!«
Na, denn gaben wir ihr einen Büstenhalter und noch ein paar schöne Unterhosen. Und denn rief sie: »Stefan, huhu!«, nahm den Rock hoch und zeigte sie Stefan. Echt wahr!
Und Stefan hat sich alle Zähne richten lassen.
Wurde alles bezahlt von der Kasse. Das will ja keiner

glauben, war aber so!
Manche hatten es aber auch schlecht. Das will ich gar nicht sagen. Aber unsere beiden haben denn auch zu uns gehalten, wie der Russe kam. Janinka konnte ja etwas russisch. Und Janinka hat zu unserer Mutter gesagt: »Frau, wenn dir geht schlecht, dann du kommst zu Janinka Siedlece. Dann geht dir gut!«

Ewalds Hochzeit

Ewald lernte dann Dora Nosseck kennen, und da brannte bei dem ja gleich wieder so ein Strohfeuer.
Er hat sich denn fernverlobt zwei Monate später von der Front aus. Weiß der Deuwel, warum!
Er hatte wohl Torschlusspanik, was weiß ich?
Na, jedenfalls kam er Silvester 42/43 auf Urlaub, um zu heiraten. Mutter wieder zu Essen ran geschafft und gemacht. Denn sollte das ganze Esszimmer bei uns ausgeräumt werden, und wir sollten helfen. Wir sahen das gar nicht ein, eigentlich richtet ja die Familie der Braut die Hochzeit aus. Deshalb haben wir nicht mitgeholfen bei den Vorbereitungen. Wir haben Ewald was gehustet und sind geflüchtet.
Wir gingen Silvester feiern bei Irma in Stolp!
Erst am Neujahrsmorgen sind wir denn alle nach Kublitz in die Kirche zu Ewalds Hochzeit. Ewald war sauer! Nach der Hochzeit sprach der nicht mehr mit uns und ist immer nur rüber zu Nossecks, nich.
Naja, jedenfalls hatten sich alle auf Miliks Kosten schön an der Hochzeit amüsiert. Die Getränke und das ganze Essen – Schinken, Wurst, Braten – alles von Miliks! Nachher hat die Nossecksch gesagt: »Ach,

hier sind ja noch zwei Hühner in der Truhe, die hab ich ganz vergessen. Die hatte ich zur Hochzeit besorgt.« Gegeben hat sie sie aber nicht! Die haben sie dann selbst gegessen, naja!
Jedenfalls, Ewalds Hochzeit war die letzte Hochzeit, die wir in Kublitz ausgerichtet haben.

Rotznas

Naja, Ewald war denn nur noch bei Nossecks nach der Hochzeit!
Ich weiß nicht, ob die ihn so bekniet hatten oder was, jedenfalls, denn kam Ewald zu Vater rüber und hat gesagt, er sollte alles überschreiben, das Geschäft und den Hof – alles auf ihn. Denn hat Vater gesagt: »Das kommt nicht in Frage!«, und er überschreibt noch nicht, erstens sieht er da keine Notwendigkeit zu und zweitens, wo jetzt Krieg ist, wird er so oder so nicht überschreiben! Ewald hat sich denn aufgeregt, hat er gesagt: »Denn nehme ich mir eben was in der Ukraine. Dann mach ich da eine Fleischerei auf!«
Da hat Vater gesagt: »Das kannst du halten, wie du willst! *Ich*, jedenfalls, überschreibe nicht! Ich denk nicht dran, dass ich das jetzt unterschreibe, und die Mädchen gehen hinterher mit der Rotznase raus, wenn dir was passiert!« Da hat Vater doch recht! Was sollte er da jetzt überschreiben? Er war doch nicht krank oder was, und er war erst siebenundfünfzig Jahre alt!
Heidi hat denn als Letzte standesamtlich in Bremen geheiratet und nur eine Feier in kleinem Kreis gemacht. Sie hatte ihren Reinhard durch die Päckchen-

schickerei für Soldaten ohne Familie kennengelernt. Reinhard hatte eins erhalten und sich bedankt.
Der war aus Bremen, und da kam er uns besuchen. So lernten die beiden sich kennen.
Jedenfalls in der Hochzeitsnacht fiel der Reinhard aus allen Wolken, weil Heidi mit neunundzwanzig Jahren immer noch Jungfrau war.
Heidi blieb aber nicht lange in Bremen. Wegen der vielen Bombenangriffe kam sie wieder zurück nach Kublitz. Da waren wir froh!
Wir waren nu alle verheiratet, aber viel hat man ja nicht von der Ehe gehabt. Und unser Ewald am allerwenigsten. Der musste gleich wieder nach Russland an die Front!

Überfall

Lotte und ich gingen immer Ende des Monats nach Stolp, das Gehalt von unseren Männern abheben bei der Bahn. Wir hatten uns so eingehakt und die Hände im Muff, weil es so kalt war. Das war ja im Winter! Lotte hatte ihre Tasche am Arm hängen. Da waren aber bloß zwei Unterhosen drin und ein Paket Kuchen. Das hatten wir noch gekauft in Stolp. Unser Geld hatten wir im Muff! Dies dämmerte schon, und mit mal zerrt einer bei Lotte an der Tasche. Da sagt sie noch: »Was soll denn das? Lass das sein!«
Sie hat gedacht, das ist einer, den wir kennen, der will sich einen Spaß machen. Sie dreht sich um, und da hat sie auch schon eine Faust im Gesicht! Lotte hielt aber ihre Tasche fest und hat den angeschrien:
»Du lässt sofort meine Tasche los!«

Die haben sich beide gekloppt um diese Tasche, und Lotte blutete schon an der Lippe. Und ich stand die ganze Zeit daneben wie Lots Weib!
Wirklich, ich stand da wie eine Salzsäule und konnte mich nicht rühren.
Statt, dass ich Lotte nu geholfen hätte! Nee!
Der Kerl ist denn mit der Tasche los – der hatte beide Henkel abgerissen – und da habe ich denn versucht, um Hilfe zu rufen. Da waren Arbeiter auf dem Weg nach Hause, zweihundert Meter hinter uns! Aber mir versagte die Stimme, kam nur ein ganz dünnes ‚Hilfe! Hilfe!' raus. Und Lotte war wütend!
Aber zum Glück hatten wir wenigstens noch unser Geld! Ich hab mir da geschworen: »Das passiert dir aber nicht noch mal!«

Der rote Schlips

Lotte musste daraufhin immer mal wieder zur Polizei, wenn sie einen Verdächtigen hatten. Sie hat gesagt, das wäre furchtbar! Aber einmal war sie richtig fertig! Da hat der Pirsich gesagt: »Na, Lotte, hast du schon mal einen gesehen, der einen roten Schlips umhat?«
Und denn ließ er sie durch dies Guckloch in die Zelle gucken. Da war ein ganz Junger, fast noch ein Kind, drin, und Lotte sagt: »Ich sehe keinen roten Schlips.«
Da hat der Pirsich so mit der Hand gezeigt:
»Na, der kriegt den Strick! Der wird aufgehängt wegen Fahnenflucht! Der ist vom Heimaturlaub nicht mehr zur Front zurück!« Das war ja furchtbar, nich! Lotte war fix und fertig!

Ob sie ihn nun tatsächlich hingerichtet haben, wissen wir nicht! Aber Lotte hat denn die Anzeige vom Überfall zurückgezogen, weil sie da nicht mehr hin gehen mochte.

Der totale Krieg

Vater hatte immer gesagt: »Die Deutschen siegen sich noch tot!« Polen in achtzehn Tagen besiegt, Frankreich in ein paar Wochen! In Russland bis vor Moskau gestanden! Holland, Dänemark, Norwegen besetzt! In Afrika, auf dem Balkan, überall standen unsere Soldaten! Dann hat Hitler auch noch Amerika den Krieg erklärt! Ja, war der denn verrückt?
Der *war* doch verrückt, der Hitler! Anders kann man das nicht erklären! Wie sollte das gut gehen?
Das Blatt fing an, sich zu wenden.
Dann kam Stalingrad! Das große Sterben begann!
Danach, im Februar 1943, rief Göbbels zum ‚totalen Krieg' auf. Aber wenn da im Sportpalast von Berlin zweitausend Mann ‚Ja' brüllen, dann heißt das nicht, dass das ganze Volk den Krieg wollte. Wir waren Millionen, wir wurden nicht gefragt!
Der kleine Mann auf der Straße wollte doch schon lang nicht mehr. Die Städte wurden bombardiert.
Die Versorgungslage wurde immer schlechter.
Wer irgend konnte oder Verwandtschaft hatte, der kam zu uns in den Osten. Da war man sicher vor dem Bombenterror, und es war auch mehr zu essen da.

Ewalds letzter Urlaub

Wie Ewald das letzte Mal auf Urlaub kam, im Herbst 1943, da muss irgendwas vorgefallen sein! Ich weiß es nicht, aber er war ganz verändert. Er hat seine Sachen alle geregelt und den Kleiderschrank ausgeräumt und die Anzüge alle zu Mutter gebracht. Er wollte, dass die seine Schwager kriegen, wenn ihm was passiert, und er möchte nicht, dass da andere mit rumlaufen. Und zu mir hat er wörtlich gesagt: »Meine Schwager kommen alle zurück, aber ich nicht!"
Er wusste was. Er hat was geahnt!
Die Abreise war denn auch ganz anders wie vorher immer – sonst gingen wir ins Bett und haben denn vorher schon ‚Tschüss und mach es gut' gesagt – diesmal blieben wir alle auf bis in die Nacht, bis Vater ihn zum Bahnhof fuhr. – Und auf dem Bahnsteig war er so unruhig! Er ist paar Mal aus dem Zug wieder ausgestiegen und hat sich von Vater verabschiedet.
Und Vater hat gesagt: »Was ist mit dir Jung? Hast du Angst, dass du nicht mehr wiederkommst?«
»Ach, Vater«, hat er gesagt, »Unkraut vergeht nicht!«

Attentat

Denn, im Juli 1944, machte Stauffenberg das Attentat auf Hitler. Aber das war ja auch nüscht Richtiges.
Das will mir nicht in den Kopf, dass da nicht einer hingehen kann, die Pistole zieht und sagt: ‚Mein Führer, Sie sind ein toter Mann!' und denn abdrückt. Sicher, er wäre auch gleich abgeknallt worden, aber Hitler wäre erledigt gewesen!

Nein, heimlich am Tisch eine Aktentasche mit Bombe hinstellen und weggehen. Nee, also ich weiß nicht!
So haben sie *alle* ihr Leben verloren! Alle, die dran beteiligt waren! Und wofür? Für nüscht!
Denn kam der Hitler wieder mit seiner Vorsehung! Der sprach denn im Rundfunk. Er hat sie ‚eine kleine Clique ehrloser Offiziere', genannt und sie alle hinrichten lassen! Und Vater sagte: »Nun haben wir unsere größte Schlacht verloren!«
Und ich sag noch: »Wieso? Hitler lebt doch noch!«
So blöd war ich!

Ewald

Ende Sommer 1944 kriegten wir Nachricht, dass Ewald verwundet war. Da kam ein Brief aus Estland, den hatte eine Krankenschwester für ihn geschrieben auf so groß liniertem Papier in Druckbuchstaben. War hauptsächlich an Mutter gerichtet, da schrieb er, dass er einen Arm verloren hat, und dass Mutter es nicht so schwer nehmen sollte. Es wäre alles Gottes Wille, und er würde sein Schicksal annehmen.
Vater sagte noch zu Mutter: »Hoffentlich ist das ein Heimatschuss, und Ewald kommt bald nach Hause!«
Zu der Zeit ging der Neitzel im Dorf herum und überbrachte die Todesnachrichten. Er kam immer abends, und jeder war froh, wenn er vorbeiging. Eines Abends kam er auch zu uns und überbrachte die Todesnachricht. Ewald war gefallen!
Er ist auf dem Verwundetentransport im Rotkreuz-Zug beschossen worden. Da hat es ihn erwischt, und er starb an den Verletzungen. Er ist in allen Ehren, so

hieß es jedenfalls, auf dem Friedhof in Wesenberg in Estland beigesetzt worden.

Mutter stand da, als sie die Nachricht hörte, ganz still und gefasst. Dann ist sie rückwärts gegangen und hat Halt gesucht an der Sessellehne. Sie ist im Sessel zusammengesunken, keine Träne, keinen Laut. So blieb sie sitzen, den Kopf in die Hände vergraben.

Mutter hat sich gequält und gequält. Sie konnte das, was Gott ihr auferlegt hatte – das glaubte sie felsenfest – gar nicht annehmen.

In der Todesanzeige schrieben sie denn, Ewald wäre in dem festen Glauben an den Endsieg gefallen.

Gerade Ewald, der hat schon bestimmt nicht daran geglaubt! Aber die Todesanzeigen waren da schon alle genormt, glaub ich. Jedenfalls, das haben wir so nicht in die Zeitung setzen lassen!

Sonntags war Gedenkgottesdienst für die gefallenen Soldaten. Der Pfarrer verlas dann von der Kanzel die Namen der Toten. Diesmal war auch Ewalds Name dabei. Ich habe in der Kirche gesessen und so fest an ihn gedacht. Da habe ich zu ihm gesagt:

»Ewald, wenn da noch irgendwas ist nach dem Tod, gib mir ein Zeichen!«

Die Liste war lang und als der Name ‚Ewald Milik' verlesen wurde, gingen mit mal alle Lichter in der Kirche aus. Ich kann das gar nicht erklären. Aber da war ich mir sicher, dass Ewald bei uns ist.

Vater hat gesagt: »Mutter, wenn der Krieg aus ist, dann hol ich Ewald heim!«

Frauen ran

Die Frauen mussten die Männer ersetzen, die an der Front waren. Post, Bahn, überall wurde ihre Arbeitskraft gebraucht. Jetzt auch noch: Frauen ran, ab in die Rüstungsfabrik! Da war nichts mehr mit Heim und Herd! Da durftest du auch rauchen. Es hieß doch immer: ‚Eine deutsche Frau raucht nicht!'
Ich hab schon damals gesagt „Jetzt erst grade!' und hab geraucht!
Jedenfalls, ich musste auch in die Fabrik. Aber nicht freiwillig, ich hab mich nicht gemeldet. Nein, ich wurde angezeigt, dass ich arbeiten könnte!
Meine Schwester Lotte wäre ja auch zu Haus, weil sie ein Kind gekriegt hätte, und die könnte den Peter mitversorgen. Und zu mir haben die Leute gesagt:
»Wenn du wissen willst, wem du das zu verdanken hast, frag mal den Nosseck!«
Ich konnte ja nie Sympathie empfinden für den Nosseck, wie sollte ich auch? Jedenfalls musste ich in die Rüstungsfabrik ‚Schulz und Sohn' in Stolp, Am Grünen Weg. Da arbeiteten bloß noch Frauen und Franzosen. Alle Frauen von der Post mussten in die Fabrik. War nur noch ein Postnotdienst eingerichtet.
Die Männer waren alle Kriegsgefangene.

In der Fabrik

Die erste Zeit musste ich Nieten abschlagen.
Dabei hab ich mir gleich mit dem Hammer auf die Hand gekloppt. Und dann war mir sauschlecht. Da legten mir der Paul und der Emile so ganz still zwei so

Rippen von einer großen Schokolade hin. Ich hab gedacht: Nee, die kannste nicht nehmen, wenn das einer sieht! Ich hab sie nicht genommen.
Wie ich denn nach Hause bin, hab ich mir gesagt: ‚Du bist ja blöd, Mensch! Hättest du es doch mitgenommen für die Kinder!'
Am andern Tag lagen die zwei Rippen da und noch zwei Rippen dazu! Da habe ich sie genommen, hab ich rüber genickt, so dass ich mich bedanke. Na und dann kriegte ich öfter mal zwei Rippen, nich!
Die Franzosen hatten Schokolade von den Paketen. Die haben ihre Pakete alle erhalten.
Ich habe mit denen nachher immer getauscht, Tabak gegen Schokolade!
Später dann musste ich mit einer Bohrmaschine auf der Tragfläche von Flugzeugen, die abgestürzt waren, die Nieten anbohren. Da hab ich dies Ding gehalten, die große Bohrmaschine. Ich denk, die geht mit mir los, Mensch! Ich konnte die nicht halten!
Da war ein Franzose, Maurice Sembrieux, der sprach auch etwas deutsch und der sang immer. Sagt er: »Ach, das macht nieschs, lernt man von allein!«
Nachher hat der Maurice auch recht gehabt, denn ging das wie geschmiert.

Pelzkartoffeln

Viele von diesen Franzosen waren Lothringer oder Elsässer, mit denen konnte man sich gut unterhalten, in Deutsch. Manche waren auch Freigänger und hatten ein eigenes Zimmer. Der Kirchenhofer hatte auch ein Zimmer in Stolp. Der kam aus Lothringen. Immer,

wenn ich mit dem Fahrrad an ihm vorbeifuhr und sagte ‚Guten Tag' zu ihm, hat er nicht geantwortet.
Er ging meistens so mit der Zeitung vorm Gesicht und las. Da hab ich ihn denn gefragt in der Fabrik:
»Sagen Sie mal, Herr Kirchenhofer, weshalb erwidern Sie meinen Gruß nicht?«
Denn sagt er: »Das ist nicht gegen Sie gerichtet. Ich will Sie nur nicht in irgendwelche Schwierigkeiten bringen!«
Er war eben vorsichtig. Er wollte wohl nicht, dass das heißt, ich hätte was mit einem Franzosen. Aber ich habe immer gute Gespräche geführt mit ihm, über Opern und Bücher und über Essen, über Essen am meisten. Was der mir erzählt hat, was die da in Lothringen für einen Sauerkrauttopf machen!
Der kochte stundenlang, alles lauter Schichten, unten Kartoffel und Sauerkraut und denn Wurst und wieder eine Schicht. Das kochte vier Stunden lang!
Da sag ich zu ihm:
»Na, das kann man aber doch denn nicht mehr essen, oder?«
»Denn schmeckt es erst richtig!«, hat er gemeint.
Naja, anfangs war er bei der Gräfin Schwerin. Das muss ja denn Schwerinshöhe gewesen sein!
»Da gab es nur immer Pelzkartoffel«, hat er gesagt, »immer Pelzkartoffel! Morgens Pelzkartoffel, mittags Pelzkartoffel und abends Pelzkartoffel!«
Hab ich zu ihm gesagt: »Na, Sie glauben aber doch bestimmt, dass die Gräfin auch feinere Gerichte kennt!« Sagt er, ja, das glaubt er auch.
Bloß die haben sie nicht gekriegt. Naja, immer ‚Pelzkartoffel' das wäre mir auch bald über!

Karnickelzüchter

Einmal hat der Kirchenhofer zu mir gesagt, dass er auch schon fast auf dem Weg gewesen wäre zum Nationalsozialismus, weil der Hitler ja so viele gute Einrichtungen für das Volk gemacht hat. Und wenn Hitler einen Friedensvertrag mit Frankreich gemacht und die Franzosen aufgerufen hätte zum Krieg gegen England, sie wären mitmarschiert. Aber nachher ist ihm doch klar geworden, der Hitler macht das wie die Karnickelzüchter: Erst mästet er das Volk, und dann lässt er es abschlachten. Er wäre froh, dass er das noch rechtzeitig durchschaut hätte.
Ich hab gesagt:
»Na, lassen Sie das bloß keinen hören!«
Aber mir hat er vertraut. Doch denn musste ich da auch weg. Dann kam ich zum Schweißen.

Die Franzosen

Ich hab denn geschweißt in der Fabrik bis Ende 1944, Anfang 1945. Wir wussten aber nicht genau, was da geschweißt wurde. Da haben wir immer rumgefragt:
»Was ist das eigentlich, was wir da machen?«
Keiner hat was gesagt. Aber wir haben vermutet, es wären Geschosshülsen für die Panzerfaust.
Nu ging es ja auf Weihnachten, und wir hatten schon eine Menge Plätzchen gebacken zu Hause. Da nahm ich eine große Tüte voll für die Franzosen mit. Die stellte ich dahin und hab so gezeigt, aber keiner hat sie genommen. Denn bin ich raus, und wie ich wiederkam, da war die Tüte weg. Na, da wollten sie mich si-

cher auch bloß schützen, dass das keiner sah.
Ich brachte dem Orlindo auch oft zu essen mit. Das war so ein großer Mann, und der hatte immer Hunger, dem habe ich das Brot auch niemals öffentlich überreicht. Orlindo war von Beruf Schweißer. Der konnte gut schweißen, und er hat mir das auch beigebracht.
Dann wurde der Stahl wohl alle, deshalb haben sie was erfunden, was dem Stahl gleich sein sollte. Damit mussten wir nachher so Modelle schweißen, ein Stück hochstehend, ein Stück flach. Wollten sie sehen, wie sich das verbindet. Dann sollten die Schweißerinnen ausgesucht werden, die am besten waren. Die sollten für Focke-Wulff arbeiten. Dann hätte man eine Nummer gekriegt für jedes Stück, was man gemacht hat. Und wenn was kaputt gewesen wäre, dann hätten sie einen am Hintern gehabt, nich. Da kam es aber zum Glück nicht mehr zu.
Anfang 1945 haben wir nur noch kurzgearbeitet und dann hörte das irgendwie von selber auf.
Die Franzosen, also soweit ich weiß, haben sich nach dem Krieg uns gegenüber anständig benommen. Die haben so manche Frau gerettet vor den Russen. Wenn die sagten, das ist meine Freundin, dann wurde die Frau meistens in Ruhe gelassen. Ich habe dann immer gedacht, warum sehe ich bloß keinen von meinen Franzosen, dass die mich retten könnten!
Aber ich traf keinen von denen!

Irmas Hochzeit (1937)

Hochzeit mit Paul (Weihnachten 1939)

Meine Hochzeitsgesellschaft
(26.12. 1939)

Lottes Hochzeit
(Kublitz 1942)

Im Hof mit Mutter und Vater
v.l.: Irma, Bernd, Lotte, Dora, ich, Peter und Heidi
vorne bei Vater Anita

Irma mit Anita und Bernd im Hof

Iris mit Perlhuhn

Peter und Iris hoch zu Ross
Kublitz 1944

Lotte mit Iris
Kublitz im Sommer 1944

Ich mit Peterchen und Paul in der Waldkatze
im Sommer 1944

5 Räumungsbefehl und Flucht

Angst

Im November 1944 wurden die Gräueltaten der Roten Armee bekannt, die sie in Nemmersdorf begangen hatten. Das zeigten sie damals in der Wochenschau. Dies konnte man aber nicht mit Propaganda abtun, dafür haben wir zu viel gehört nachher von Augenzeugen. Da zogen erst ein, zwei Treckwagen durch Kublitz, dann immer mehr und mehr. Nachher riss die Schlange der Ostpreußentrecks gar nicht mehr ab.
Alles floh vor der Roten Armee!
Mutter hatte immer einen großen Topf Erbsensuppe gekocht, und das große Zimmer von Lotte und Iris, also wo sie drin wohnten, war leer gemacht und alles Stroh drin. Da blieben die Ostpreußen manchmal ein, zwei Nächte bei uns und haben uns erzählt. Wir konnten das gar nicht glauben. Die haben gesehen, wie Frauen angenagelt waren am Scheunentor, wie Hochschwangeren der Bauch aufgeschlitzt war und das Ungeborene lag denn daneben. Die haben ja furchtbar gehaust – schlimmer wie die Tiere! Und alle Frauen vorher noch vergewaltigt! Egal ob zehn oder siebzig!
Wir hatten ja eine Angst vor den Russen durch diese Berichte! Das ist wahr!
Aber wir konnten uns immer noch nicht vorstellen, dass der Russe hier in Kublitz eintreffen könnte. Irgendwie war das unwirklich. Also wir haben das nicht geglaubt. Wir hofften, die Ostfront hält!

Wir hatten aber auch Treckverbot.
Da hätte man ohnehin nicht weg gekonnt. Das war ja Wehrkraftzersetzung und wurde streng bestraft! Aber Angst hatten wir alle! Dann machte man Witze:
Der Einzige, der sich keine Gedanken machen muss, wenn der Russe kommt, ist Göbbels. Und wieso?
Na, der setzt sich auf den Nachttopf und sagt:
‚Papa ist nicht zu Hause!'
Das war denn schon Galgenhumor!

Gift

Zu der Zeit zogen viele Soldaten durch Kublitz, die haben uns auch erzählt und vor den Russen gewarnt, wir sollten bloß machen, dass wir da rauskommen irgendwie. Wir Mädchen wollten uns ja lieber umbringen, als das mitmachen zu müssen, was man so gehört hatte. Und da haben wir doch immer nach Gift gesucht.
Einmal waren ein Arzt, Schreiber hieß der, und ein Sanitäter bei uns einquartiert. Und die hatten einen Giftkoffer. Da haben wir den Sanitäter angebettelt:
»Geben Sie uns doch Gift! Für alle Fälle, wenn der Russe kommt!« Aber der hat das abgelehnt.
»Nee«, hat er gesagt, »ich könnte ja indirekt Ihr Mörder werden. Wenn nu eine Situation kommt, in der Sie glauben, es geht nicht weiter, und es ging nachher vielleicht doch weiter!« Also, der gab uns nichts.
Naja, denn war der Giftkoffer mal auf. Und wir beide, Lotte und ich, haben da drin gesucht nach Gift.
»Was meinst du? Sollen wir das da nehmen? Oder das da?« Sag ich: »Mensch, Lotte, wenn das nu so was

ist, dass man irre Schmerzen kriegt! Und man weiß doch gar nicht, was das ist, und wie das wirkt.«
Na, wir immer hin und her. Und dann haben wir es sein lassen. Heidi wollte sich Tabletten vom Roten Kreuz besorgen. Da hat sie als Schwester gearbeitet. Die wollte sich auch umbringen!
Unsere Mutter hat denn zu dem Arzt gesagt: »Ich sage Ihnen, Herr Schreiber, die Mädchen wollen immer Gift haben. Geben Sie denen kein Gift! Lassen Sie das bloß sein!«
Da hat er gesagt: »Frau Milik, wenn die Russen jetzt hier vor Kublitz wären, in Lossin, dann würde ich Ihren Töchtern eigenhändig Gift geben! Was ich erlebt und gesehen hab, was Russen mit Frauen machen, das kann man nicht beschreiben. Das ist unbeschreiblich!«
Der wurde aber denn an die Front versetzt, weil so viel Verwundete waren, nich.

Schlittenfahrt im Märchen

In Pommern gab es immer sehr strenge Winter.
In diesem Januar 1945 steh ich zu Haus am Fenster und guck auf das verschneite Feld – und das glitzerte wie Kristall durch die Sonne so. Das war so ein klarer, blauer Himmel und dabei Frost und klirrende Kälte!
Und Vater fragt: »Na, Traute, was siehst du denn da draußen?«
Ich sag: »Guck dir mal dies Feld an! Sieht das nicht aus wie im Märchen?«
Vater sagte kein Wort und ging raus. Nach einem Weilchen kommt er wieder und sagt: »Zieh den Jungen warm an. Wir machen jetzt eine Schlittenfahrt.

Stefan spannt an!«
Und Mutter kommt gleich mit einem warmen Stein, dass dem Jungchen man nicht die Füßchen frieren, und denn noch eine warme Pelzdecke drum herum.
Wir fahren aus Kublitz raus, Vater, Peter und ich, Heidi war auch noch dabei, und biegen ab in den Wald nach Lossin. Und das war so ein schöner Tag!
Die Sonne schien und alles dick Schnee – so ein friedlicher Tag – und wir waren doch mitten im Krieg!
Das Pferd trabt, und der Atem dampft von der Kälte – dies Schellengeläut so ein bisschen am Schlitten – und Vater schnalzt klein wenig mit der Peitsche über diese Tannenzweige, dass der Schnee nur so stiebt in der Sonne. Da sagt er:
»Siehste, Traute, nu sind wir im Märchenland!«
Also mein Vater war ein feinfühliger Mann. Er hat immer versucht, mir eine Freude zu machen.
Und dann wie wir wieder nach Haus kommen, riecht es schon nach Kaffee und Kuchen – und gleich Händchen und Füßchen reiben, dass das Jungchen sich man ja nicht erkälten tut! Ja, das war Heimat!
Wenn mir damals einer gesagt hätte, dass ich schon bald mit einem Bündelchen auf dem Rücken gehen und dies alles nie mehr wiedersehen würde, also, den hätte ich für verrückt erklärt!
Das hätte ich nie geglaubt!

Rette sich, wer kann

Wir hofften ja alle auf ein Wunder, muss ich sagen. Doch das Gerücht ging schon überall, die Ostfront ist nicht mehr zu halten! Aber offiziell wurde das nicht

bekanntgegeben, und von einer Evakuierung der Zivilbevölkerung war nicht die Rede – im Gegenteil!
Der Volkssturm wurde mobilgemacht. Und nach wie vor Treckverbot. Aber Lotte und ich, wir wollten ja weg. Die Soldaten, der Jäger und der Groth, die immer zu uns kamen Wurst machen, die haben gesagt, wir sollten mitfahren auf ihren Verpflegungswagen. Denn wenn sie rausgehen, dann kommen die Russen.
Wir hätten Platz gehabt. Das war so Ende Februar, vierzehn Tage bevor wir Räumung kriegten. Vater und die anderen haben denn gemeint, jetzt lassen wir sie im Stich. Wir waren aber auch unsicher, was uns da so passieren wird. Na, jedenfalls haben wir uns dann entschlossen, nicht mitzufahren.
Nach ein paar Tagen denn riefen sie an von der Bahn, Lotte und mich, sie hätten zwei Züge bereitgestellt für Bahnbedienstete und ihre Familien. Wir sollten uns am nächsten Morgen in Stolp am Bahnhof einfinden. Da gingen die Züge raus nach Danzig und von da mit Schiff ins Reich. Da war nu Vater einverstanden.
Dann haben wir unsere Koffer gepackt, und Stefan hat uns zum Bahnhof gefahren. Der eine Zug war schon voll, und im zweiten fingen sie an einzusteigen. Wir waren bei Heidi, die machte Bahnhofsdienst beim Roten Kreuz. Da lagen so viele junge Verwundete und auch alte. Die sollten denn weitertransportiert werden, weil sie so zerschossen waren. Denn hat einer gefragt: »Haben Sie Zigaretten?« Da hab ich ihm eine anangezündet und in den Mund gesteckt, weil der ja keine Arme mehr hatte. Das war ein Jammer, wenn man dies so gesehen hat.
Denn gab es mit mal Fliegeralarm!

Die Flieger kamen, die russischen, um den Stolper Bahnhof zu bomben. Da sind wir in ein Haus in der Nähe vom Bahnhof in den Keller rein. Ich weiß es nicht, aber mir war in diesem Keller, als wenn einer sagt, ‚fahr nicht nach Danzig!' Da hab ich zu Lotte gesagt: »Ich fahr nicht mit! Ich geh mit Peter wieder nach Haus!«
Und da hat Lotte getöwert (geschimpft). Ich hab gesagt: »Du kannst ja mitfahren. Da sind doch so viele Kublitzer und noch Kurts ganze Familie dabei. Da kannst du doch mitfahren!«
Aber sie ist denn auch nicht mit.
Zum Glück – für sie und für mich. Der Zug wurde beschossen und ist auf halber Strecke liegengeblieben, und ehe der repariert war und weiterkonnte, da war keine Chance mehr, in Danzig auf ein Schiff zu kommen. Die waren alle übervoll!
Ulli, Kurts Schwester, ist ja denn zurückgekommen und hat erzählt. Sie mussten den Russen in dieser fremden Stadt Danzig über sich ergehen lassen.
Aber das konnte Lotte noch nicht wissen, die hat weiter rumgetoddert (geschimpft) auf mich.
Naja jedenfalls, Heidi hat vom Roten Kreuz aus angerufen, und Stefan hat uns wieder abgeholt. Er fuhr denn immer so am Seitenweg entlang, weil die Panzer, also unsere deutschen, rollten uns entgegen in Richtung Westen.
Und die riefen immer vom Panzer:
»Ihr fahrt falsch! Dreht um! Dreht um! Die kommen!«
Na, aber wir fuhren zu – nach Haus!

Räumungsbefehl

Dann kamen wir zu Hause an. Da waren sie schon am Packen, und Vater sagt: ‚Ist gut, dass ihr kommt! Wir haben Räumungsbefehl, morgen früh um Zehne!«
Am 8. März 1945, da erst konnten wir endlich raus aus Kublitz. Vorher durfte man ja nicht. Da kratzten sie noch die letzten Reserven zusammen zum Volkssturm. Unseren Vater wollten sie auch noch holen. Aber er hat gesagt: »Womit soll ich gehen, mit dem Krückstock? Soll ich die Russen damit verjagen?«
Endlich hieß es also, Räumungsbefehl, alles los nach Schwerinshöhe. Da konnte man aber schon den Kanonendonner hören! Also den Wagen beladen. Und Stefan und Vater die Pferde angespannt!
Und dies war nu wieder die Gutmütigkeit meiner Eltern. Die konnten nicht ‚nein' sagen: Dann kam der Schattauer – in Uniform natürlich – ‚Kann ich was rauflegen?', denn kam der Menzel, ‚Kann ich was rauflegen?' und noch andere, was weiß ich. Die hatten kein Gefährt, und jeder hat noch ein Püngel raufgelegt Und unsere Pferde mussten ziehen. Mutter hatte Gesichtsrose und durfte keinen Zug kriegen. Die saß im Wagen mit Lotte und Iris. Iris war ja noch klein und konnte nicht laufen so weit. Alles andere musste marschieren: Irma, Heidi, Anna Boll, Frau Fricke und ihre Tochter Brigitte. Auch unser Stefan und Janinka sind mit uns mit zu Fuß.
Die sind alle mit uns getreckt!
Und Vater ging zeitweise neben dem Wagen, weil die Pferde so schuften mussten. Es lag ja noch Schnee und war glatt, und die Pferde rutschten. Die hatten

keine Stollen am Eisen. Im März hatte man ja nicht mehr mit Eis und Schnee gerechnet.
Ich war mit dem Fahrrad von Paul vorneweg. Auf der Stange war ein Sattel für Peter. Mit einmal war unser Wagen nicht mehr zu finden.
Da haben sie die Pferde beschlagen lassen irgendwo, weil es nicht mehr ging. Denn war ich allein mit Peter. Und dem war so kalt!
Ich denn gesagt: »Komm, wir hüpfen!«
Da sind wir hin und her gehüpft, bis es denn eben so kalt war, dass ich versucht hab, irgendwo in ein Haus zu kommen. Die Frau da wollte uns erst nicht rein lassen, und sie kriegt schon andere Leute und so.
Ich sag: »Ich will ja gar nicht bleiben. ich warte nur auf meine Angehörigen. Und es ist so fürchterlich kalt. Und das Kind friert so!«
Na, denn hat sie uns in die gute Stube gelassen. Der Ofen war geheizt. Naja, da saßen wir auf der Ofenbank und haben uns aufgewärmt, nich.
Denn kam sie mit mal und sagte, Ihre Eltern sind da und da. Und Peter und ich denn da hin!
Und unsere Mutter schon wieder am Kochen im großen Kessel – die war ja auch unwahrscheinlich! Die war ‚Mutter Courage' – schön Fleisch in die Suppe rein geschnitten. Und geschmeckt hat es! Und jeder hat was abgekriegt. Wer da noch alle war. Egal!
Vater hatte die Puten alle geschlachtet und mitgenommen. Die sind denn da von den Frauen gerupft worden und denn gekocht.
Und die Leute, wo wir waren, die hatten kein ‚gutes' Zimmer. Aber die hatten ihr bisschen Wohnung, was sie hatten, ausgeräumt und lauter Stroh drin.

‚So, und nu legt euch man hin!'
Da lagen wir alle durcheinander, Männlein, Weiblein, Kinder! Dies war alles pickevoll! Und geschlafen? Sicher hat man ein bisschen geschlafen, aber so voller Angst! Und dann hat man den Kanonendonner gehört und am Himmel das Frontfeuer gesehen wie Wetterleuchten!
Der Schattauer war ja in seiner Gendarmenuniform dem Treck voran geritten und denn noch einer mit Pferd, Albrecht hieß der, in SS-Uniform. In dieser Situation in SS-Uniform! Na jedenfalls sollte das ja wirken. Denn hatten die da immer freie Bahn.
Der Schattauer und der SS-ler, die haben sich aber gleich abgesetzt – in der Nacht noch – und sind durchgekommen. Die beiden waren auf dem Schiff in Danzig. Das hat ja nachher Ulli erzählt.
Der Herr in SS-Uniform und der Herr in Gendarmenuniform und: ‚Platz da!' und ‚Platz da!' und ‚Platz da!'
Die sind raus gekommen aus Danzig mit dem Schiff!

Sechsunddreißiger versenkt

Wir saßen aber in Schwerinshöhe fest. Wo sollte man auch hin? Von Westen kam der Russe, von Osten kam der Russe. Da waren wir eingekesselt.
Ich hatte mir eine Pistole besorgt. Damit wollte ich mich erschießen, falls es zum Schlimmsten käme. Der Dr. Schreiber, der hätte uns jetzt sicher Gift gegeben, glaube ich! Aber nu hatte ich bloß meine Pistole. Mein Vater wusste, dass ich die in der Manteltasche hatte. War eine Sechsunddreißiger, eine schöne!
Aber in dieser Nacht auf der Flucht hat Vater mir die

Pistole heimlich aus der Tasche genommen und in der Jauchegrube versenkt. Er dachte sicher, die kriegt das fertig, die knallt erst den Peter ab und denn sich hinterher! Ich weiß nicht. Ich glaub, Peter zu erschießen, das hätte ich sowieso nicht gekonnt!

Urri! Urri!

Am anderen Morgen haben wir noch alle ordentlich gefrühstückt. Aber weil dies Haus so nah an der Straße lag, sind wir nu runter ins Dorf zur Verwandtschaft von Dora Nosseck. Denn, Lotte und ich, wir saßen wie die verängstigten Hühner auf der Ofenbank bei denen im Wohnzimmer. Mit mal geht die Tür auf. Da haben wir die ersten Russen gesehen. Beide in schwarzer Uniform und jede Menge Orden auf der Brust. Und wir vor Schreck wie gelähmt!
Denn fragten die: »Urri? Urri?« Und wir sagten, was Stefan uns geraten hatte:
» Kamerad schon da! Nix Uri, Uri!«
Wir hatten ja unseren ganzen Schmuck dem Stefan gegeben. Dem nahmen sie nichts. Janinka und Stefan konnten sich ja frei bewegen. Die haben denn auch gesehen, was los war! Plünderungen und Vergewaltigungen immerzu! Die waren an der Tagesordnung.
Dann hieß es: ‚Komm, Frau, komm!'
Da saßen wir tagelang im Versteck auf dem Speicher!
»Ach, Trautscha«, sagt Janinka, »nur fünf Minuten raboti, nix schlimm! Russen nur wollen machen Liebe!«
»Ich werd dir! Von wegen Liebe! Wehe, wenn du uns verrätst!«
Janinka wusste ja, dass wir uns auf dem Speicher ver-

steckt hatten. Da saßen wir fast zwei Wochen. Aber verraten hat sie uns nicht!

Das Ding ab

Auf diesem Speicher stand so ein altes Sofa und Gerümpel. Da musste man denn durch, weiter über den dunklen Boden. Ganz hinten war eine Tür. Die führte in ein Zimmer. Das konnte man gar nicht vermuten. Und wir Mädchen, Heidi, Irma, Lotte und ich, sind da hoch dann in dieses Zimmer. Mutter hat uns immer das Essen gebracht. Und dann hatten wir einen Eimer, wenn wir mussten. Nach ungefähr sieben, acht Tagen sagt Mutter: »Ach, es ist ja jetzt ruhiger geworden. Ihr könnt nachher runterkommen zum Essen.«
Nu wollen wir dann runtergehen, Lotte macht die Tür auf, da ist da ein Russe zugange mit einer Frau auf diesem alten Sofa. Mein Gott! Man glaubt ja gar nicht, wie schnell wir wieder zurück im Zimmer waren! Und leise wie die Mäuschen die Tür zugemacht!
Da war so ein großer Kachelofen in dem Zimmer, wo man sich so hat hinter quetschen können. Lotte und ich, wir wollten uns nu beide gleichzeitig hinter diesem Kachelofen verstecken. Wir haben es denn geschafft, beide.
Aber so richtig uns noch gegenseitig behindert!
Dass man nu gesagt hätte: ‚Ach, geh du mal zuerst, ich hinterher!' Da war man so in Panik!
Und Heidi und Irma saßen da und harrten der Dinge, die da kamen. Die passten nicht mehr hinter diesen Kachelofen. Aber der Russe war wohl so in Rage gewesen auf diesem Sofa, der hatte uns gar nicht be-

merkt. Dann hörten wir ihn die Treppe runtergehen.
Da atmeten wir auf!
Wenn der uns entdeckt hätte! Vier junge Frauen in diesem Zimmer! Der wäre mit zwanzig Mann wiedergekommen!
Ja und die Frau nachher, die hat denn geweint und geschluchzt: »Was mein Mann wohl dazu sagt? Ich kann ihm nicht mehr in die Augen sehen. Aber was blieb mir denn übrig? Der hatte doch einen Dolch! Den hat er neben mich gelegt und denn so gezeigt, entweder Dolch oder ich!«
Man hatte ja die Wahl, nich!
Sie hätte sagen sollen: »Geben sie mir mal den Dolch! Ich schneide Ihnen das Ding ab!«
Naja ...

6 Zurück nach Haus

Zurück

Denn, nach ungefähr zwei Wochen, hieß es:
‚Jeder muss zurück in seinen Heimatort!'
Alles musste sich auf dem Gutshof in Schwerinshöhe versammeln. Und da sortierten die Russen alle aus, die nach Sibirien kamen zur Zwangsarbeit. Alle, die ledig waren, Frauen, Männer, die noch einigermaßen jung waren – alles, ja – das wurde denn da schon aussortiert. Und unsere Heidi und Dora Wittkow, die waren auch dabei. Stefan kam und sagte:
»Meister, hast du nix zum Eintauschen?«
Janinka ist denn hin mit Stefan. Und die haben mit den Russen verhandelt. Vater hatte ihnen Schnaps und Zigarren mitgegeben. Damit haben sie denn die Russen bestochen. So kam Heidi wieder frei. Die ließen sie denn wieder laufen und Dora Wittkow auch!
Naja, so waren unsere Alten eben. Die haben sich nicht nur immer um ihr Kind gekümmert. Auch um die anderen, die man so kannte, damit sie auch wegkamen. Ich mein, das war ja kein schlechter Charakterzug. Aber so waren sie!
Na, nu standen wir abmarschbereit Wagen an Wagen in einem langen Treck. Da fuhr eine ganze Kolonne russischer Panzer in den Ort ein, und wir mussten ganz rechts an den Straßenrand, bis die vorbei war. Auf einem Panzer stand eine junge Russin – gut aussehend – mit einer Pelzkappe, so in den Nacken ge-

schoben und ganz schwarze, dicke Zöpfe herumgewunden. Sie stand da, breitbeinig, einen Säbel in der Hand, und streifte mit der Klinge so an unseren Kleidern entlang, und denn rief sie:
»Chietler kaputt! Chietler kaputt!«
Wir mussten dann immer wieder Platz machen für russische Wagen und Laster. Da wurden wir mit unserem Treck abgedrängt auf ein Feld. Und denn spannten sie uns eins von unseren zwei Pferden aus.
»Mit einem Pferd kommen wir hier nicht mehr raus. Das ist unmöglich!«, sagte Vater.
Stefan ist denn los: »Meister, ich besorge Pferd!«
Und Vater sagte noch: »Aber nimm nur von da, wo mehrere sind!« Stefan hat uns denn ein anderes Pferd besorgt. Von wo er das letztendlich geklaut hatte, wussten wir nicht. »Waren vier Pferde, haben noch drei«, hat er gesagt. Wir haben das gerne geglaubt und nicht weiter nachgefragt.
So kamen wir wieder runter vom Feld und sind von der Hauptstraße abgebogen. Und dann, dann sind wir zurück über Schleichwege. Vater kannte sich ja aus von seiner Handelei – Vieh und so. Und denn sind wir durch den Machminer Wald!
Das war so ein richtig schöner Vorfrühlingstag! Und die Vögel haben gesungen und die Sonne schien! Es war alles so friedlich! Das war so warm schon – und es war, wirklich schön zu gehen – bis auf die Toten! Tote! Tote! Ein Berg Tote!
Links, ich mochte gar nicht hingucken, da waren Eisenbahner bei in Uniform. Und ich musste immerzu an Paul denken. Der war ja auch bei der Bahn! Schuhe hatten die alle keine mehr an. Konnten sie wohl ge-

brauchen, die Russen.
Das Schlimmste war dann rechts – da hatten sie Gendarmen, Feldgendarmen, die hatten sie alle an die Bäume genagelt, kopfüber – so wie gekreuzigt!
Furchtbar! Ich denke immer noch, warum noch verkehrt herum, Kopf nach unten? Ich weiß es nicht!
Warum haben sie sie nicht einfach erschossen? Wenn schon, denn schon!
Aber, naja, kann man nüscht machen!
Denn sind wir durch den Ort Machmin. Da mussten wir durch. Da lagen auch so viele Tote! Ein Junge lag da! Der war vielleicht elf, zwölf Jahre – was weiß ich – der hatte noch diese HJ-Uniform an. Warum er die nicht ausgezogen hat? Vielleicht hatte er nichts anderes zum Anziehen. Naja, jedenfalls hatten sie ihm den Schädel gespalten! Das sah furchtbar aus! Das kann man nicht vergessen! Tote! Tote! Tote!
Und ich bin mit diesem Fahrrad da durch wie in Trance – man stand ja unter Schock! Und Peter dies alles gesehen, und ich ihm immer gesagt: :»Guck nicht hin, Peter! Guck nicht hin! Mach die Augen zu!«

Fahrrad weg

Und dann so ziemlich auf dem Weg nach Stolp, da kamen uns die Leute entgegen. »Fahrt bloß nicht durch die Stadt! Am Bismarckplatz werdet ihr alle in Empfang genommen! Da werdet ihr aussortiert zum Abtransport nach Russland!«
Vater ist denn im Außenbezirk gefahren. Und da brannten die Häuser in der Weidenstraße. Dies knackte denn immer so, und denn gingen mal wieder ein

paar Scheite runter. Da war man so abgestumpft von alledem und so kaputt! Da hat man gar nicht geachtet auf die brennenden Balken und den Funkenflug.
Wir sind da durch getrottet wie eine Herde Hammel – immer einen Fuß vor den anderen, einen Fuß vor den anderen. Ich hab mein Fahrrad geschoben mit Peter drauf – stumpfsinnig – weiter, weiter – nach Haus, nach Haus!
Wir sind durchgekommen bis zum Schlachthof. Da war so ein Russe, der rief! Der war auf der anderen Seite von der Straße. Und ich wollte nicht rüber gehen, aber ich musste kommen! Heidi sagte: »Ach, Mensch, jetzt geh bloß rüber, sonst schießt der noch!« Ich bin rüber mit dem Fahrrad. Denn wollte der nur mein Fahrrad haben. Ich hab Peters kleinen Rucksack da dran gehabt. Da wollt er nicht, dass ich den wegnehme. Da hab ich gesagt: »Das ist bloß für Kind! Spielsachen!« Denn hat er noch rein geguckt, hat mir den Rucksack wiedergegeben und ist mit meinem Fahrrad ab. Ich war ja noch froh, dass er sonst nichts von mir wollte, nich!

Gesicht wie Madonna

Ja, dann nahmen wir Peter in die Mitte.
Er hatte so eine schöne grüne Wollhose – hab ich ihm gestrickt – die hatte er an. Wir hatten ihn an der Hand, Heidi und ich. Das Kind war ja übermüdet.
Aber Peter hat keinen Ton von sich gegeben – die ganze Zeit nicht. Der war verstummt! Ich sehe noch seine Augen. Die waren riesengroß und voller Angst.
Es war jetzt nu schon dunkel und Angst hatten wir ja

alle! Seit dem Schlachthof ging da ein Russe neben uns her – neben Heidi, mir und dem Kind. Da wusste man ja auch gar nicht, was der wollte.
Aber er wollte so nichts. Dann sagte er:
»Du, reine, deutsche Frau – Gesicht wie Madonna!«
– Also was ich Madonnenhaftes an mir hab, das weiß ich nicht! – Mit mal hat er sich nach Peter gebückt, und ich krieg einen Schreck! Da hat er Peter bloß die Hose hochgezogen. Der Gummi war wohl bisschen schwach. Hat er gesagt: »Nix, nix! Gutt, gutt!«
Ein paar Brocken konnte er ja deutsch. Denn hat der uns begleitet bis kurz vor Kublitz. Da haben uns die anderen nicht weiter behelligt. Denn sagt er mit mal: »Du, Frau mit Gesicht wie Madonna, gib Russki-Soldat einen Kuss!«
Ich sag: »Nee, nie im Leben!«
Ich hab es denn auch nicht gemacht. Aber er gab mir denn einen auf die Wange so und sagte:
»Alles Gute für Dich und Kind!«
Danach, als er weg war, merkten wir erst, dass das ein Schutzengel gewesen war.
Naja, und denn kam das dicke Ende!

Russen! Russen!

Da waren ja Russen, Russen, Russen!
Auf der Straße standen zwei Posten, um die Wagen umzuleiten in diese Enge, wo sie nicht weiterkamen, um zu plündern. So ging es uns ja denn auch. Wir mussten da rein. Den von Veddin, den hatten sie angeschossen, weil er nicht wollte. Da fuhr man denn schon von vornherein so – aus Angst!

Als erstes wurde Brigitte Fricke, ein Mädchen von vierzehn Jahren, vom Wagen weggenommen. Ich hab noch versucht, das zu verhindern, sie zu retten! Meine schöne Verlobungsuhr hab ich dem Russen da gegeben. Und denn hat der sich gefreut und gelacht und gezeigt: »Hier!« Da hatte der den ganzen Arm voller Uhren von oben bis unten, und er braucht noch achtzehn Uhren für Familie. Dann ist er mit meiner Uhr und mit Brigitte ab. Er ließ sie nicht frei!
Dann dieser asiatische Russe mit der Maschinenpistole – mir auf die Brust – Peter auf die Brust – mir auf die Brust. Ich weiß nicht – aber mit mal wurde ich ganz ruhig! Mich überkam eine Todesruhe in dieser Situation, und ich dachte, es ist doch ganz natürlich, wenn er dich jetzt erschießt. Dann ist aus. Es war mir ganz egal in dem Moment! Und unsere Mutter dann dazwischen! – Und er die Pistole Mutter auf die Brust! Da fing sie denn an zu toben und hat den angeschrien: »Schieß doch! Schieß! Wenn du meinst, du musst schießen, dann schieß!«
Das hat mich denn wieder aufgerüttelt, und ich hab meinen schönen Ring geopfert, meinen Aquamarin. Ich sag: »Hier hast du Ring!«
Er guckt und der Ring funkelte so im Mondlicht.
»Aaah«, sagt er, »gutt, gutt! Jetzt komm, Frau!«
Da fing ich an zu schimpfen wie Mutter immer.
Also ich hab den angebrüllt:
»Bist du verrückt? Ich gebe dir Ring und jetzt noch wieder, komm? Ich geh nicht!«
Dann mit einmal eine Stimme – erst auf Russisch, denn auf Deutsch: »Was ist hier los?«

Die Wahl

Dieser Russe trug eine Pelzmütze mit einem roten Stern, eine graue Uniform und schwarzes Hemd und schwarze Stiefel. Der war ein höheres Tier und hatte offensichtlich was zu sagen – war wohl Kommissar oder was – und der sagte in perfektem Deutsch: »Kommen Sie bitte mit!«
Der Russe mit der Maschinenpistole ließ dann von mir ab und hat sich Irma geschnappt, und ein anderer hatte Lotte am Wickel.
Der Kommissar brachte denn Heidi, Mutter und mich mit Peter in ein Haus. Mutter sollte sich auf das Sofa da legen und Heidi mit Peter auf das Bett. Alles höflich, alles per Sie in akzentfreiem Deutsch.
Ich dachte, wir wären gerettet, der Kommissar hätte uns in Sicherheit gebracht. Aber dann musste ich mit ihm kommen!
Ich wusste, was auf mich zukommt. Am liebsten wäre ich gestorben. Und in dem Zimmer, wo er mit mir hin ist, hing ein Foto von einem jungen deutschen Soldaten mit Trauerflor und dem EK 1. Da hab ich das angeguckt und gedacht: Armer Kerl, wofür bist du gestorben? Denn ist der Russe ärgerlich geworden und hat das abgehängt. Und dann hat er seine Jacke aufgeknöpft und gezeigt. »Hier das sind meine Orden!«
Da war das ganze Hemd voller bunter Blechdinger. Er war wohl wirklich ein hohes Tier.
Denn musste ich mich zu ihm aufs Bett setzen, und ich hab immer gedacht: Wie kann ich den bloß aufhalten? Ich hab gesagt: »Ich möchte rauchen!« und hab ihm auch eine angeboten. Da saßen wir zusammen auf

der Bettkante, und denn haben wir geraucht. Dann hab ich mit dem geredet. Ich sag: »Sie wollen unsere Befreier sein? Sehen so Befreier aus? Sie plündern und morden, und die Frauen werden vergewaltigt!«

Alles hab ich dem gesagt. Da sagt er: »Die Deutschen haben meine ganze Familie umgebracht, und Ihr Mann ist doch sicher auch Offizier.«

Ich sag: »Mein Mann ist bei der Bahn in Frankreich. Der war nie in Russland und hat auch niemanden umgebracht.« Ich hab ihm denn ein Bild gezeigt von Paul in Eisenbahneruniform und auch von unserer Hochzeit und von Peter. Ich hab mit dem diskutiert und geredet und noch eine geraucht und geraucht, um Zeit zu gewinnen, aber er wurde denn doch ungeduldig. Dann hab ich gesagt: »Ich muss zur Toilette!«

Er kam aber mit und hat die Tür bewacht, dass ich nicht weg konnte. Das Fenster war zu klein. Da passte ich nicht durch! Ich war so verzweifelt da drin, aber ich musste wieder raus. Es gab kein Entrinnen! Ich hab den von zehn Uhr abends bis ein Uhr nachts hingehalten. Denn sagte er: »Schluss jetzt!«

Da hab ich ihm alles angeboten, Schmuck, Pelze, Wertsachen, wenn er mich gehen lässt!

»Ich will nicht Ihren Schmuck, ich will Sie!«, hat er gesagt. »Aber ich garantiere Ihnen, Sie kriegen kein Kind!« Und dann kam er zur Sache.

Da hab ich mich gewehrt und ihn geschlagen, also richtig geschlagen, und er sagte ganz kalt mit einer schneidenden Stimme: »Unterlassen Sie das!«

Diese eiskalte Stimme und die eigene Hilflosigkeit – das war furchtbar! Und dann ließ er mir die Wahl – alles immer per Sie – entweder er oder vierzig seiner

Leute – man hatte ja die Wahl, nich! – Ich dachte an die vierzig Mann, und ließ es über mich ergehen.

Das war wie ein böser Traum! Aber damit wird man so leicht nicht fertig! Ich hab da auch mit niemandem drüber geredet außer mit Lotte und Paul. Ich konnte einfach nicht! Erst jetzt nach über fünfzig Jahren! Aber noch heute finde ich das wie einen Makel an mir!

Danach, als der Alptraum endlich vorbei war, hat dieser Mensch – ich sehe ihn noch vor mir – er war blond und sehr blass – ein so teigiges Gesicht – das Gesicht werde ich nie vergessen – also der hat mir dann angeboten, er würde für mich und Peter sorgen, wenn ich bei ihm bliebe. Welch ein Ansinnen? Was hat dieser Mann sich bloß dabei gedacht?

Ich bin denn zurück zu Mutter ins Zimmer. Sie war wach und hatte auch nicht geschlafen und die ganze Zeit mit mir mitgelitten. Sie hat mich in die Arme genommen und bloß gesagt: »Ach, Mädchen!«

Da konnte ich mich ausweinen. Und was hatten sie immer im Radio gesagt, die Russen: »Frauen und Kinder bleibt zu Hause! Lauft nicht weg! Wir kommen als Befreier!« Ja, sie haben uns befreit – von allem!

Ganz früh morgens, so gegen fünf Uhr, bin ich mit Irma – die war auch in diesem Haus vergewaltigt worden – nach Kublitz geschlichen. Wir wollten sehen, was da los war. Da lagen überall umgekippte, ausgeplünderte Treckwagen und ganze Bündel von Geld auf der Straße. Also ich hätte können Millionär werden, wenn ich das alles aufgesammelt hätte. Aber es hat mich nicht interessiert und Irma auch nicht.

Als wir denn nach Haus kamen, war das zweite Tor vom Hof auf. Das war sonst immer zu und Stefan kam denn schon, uns warnen – der hatte schon das Vieh wieder eingefangen und in die Ställe gebracht.
»Hier könnt ihr nicht hin! Hier fahren die Russen rein und raus. Versteckt euch bei Langes!«
Wir sind denn nach Otto Lange ins Gasthaus. Da war hinter der Theke eine Klappe, da konnte man runter in den Keller. Dann wieder den Läufer rüber.
Und da saßen viele – auch unsere Lotte. Der war wieder nüscht passiert! Na, die hat ja wieder einen Schutzengel gehabt!
Der Russe ist mit ihr ab. Und Lotte hatte Iris auf dem Arm, und da hat sie gedacht, wenn ich jetzt mit dem in das Haus geh, denn sind wir beide verloren! So hat sie mir das erzählt.
Denn hat sie sich zusammensacken lassen und gestöhnt: »Wasser! Wasser!« und Iris hat geweint: »Mama, Mama!«
Da war der Russe aus dem Konzept und hat gezeigt, ja, er holt Wasser, aber hier bleiben, sonst er schießt. Wie der denn im Haus war, ist Lotte mit Iris auf dem Arm abgehauen! Und da ist sie gerannt und gerannt, durch Panzergräben, über Leichen – es war ja stockdunkel – aber Iris hat keinen Mucks gemacht!
Und der Russe hat hinter ihnen her in die Luft geschossen! »Stoi! Stoi!«
Er hätte sie ebenso gut erschießen können, wären nicht die Ersten gewesen!«

Brigitte

Und Brigitte, – mein lieber Mann! – wie die kam, das sehe ich noch! Die hatte es schlimm erwischt!
Schlimm, schlimm!
Und sie war doch noch ein Kind, erst vierzehn Jahre!
Erst hatte der Russe mit den vielen Uhren sie ja vom Wagen geholt und vergewaltigt. Und wie der sie freigegeben hat, ist sie denn los gerannt.
Aber da standen an der Ecke auf der Straße wieder zwei Russen. Und an der Seite im Straßengraben lag alles voller Toter. Deutsche! Da hat sie sich zwischen gelegt und gehofft, sie würden denken, sie ist tot. So hat sie mir das erzählt. – Ein Kind legt sich zwischen Tote! – Aber die Russen haben immer über sie rüber geschossen. Dann ist sie aufgestanden aus Angst, dass sie sie erschießen. Da haben die beiden sie denn mitgenommen und vergewaltigt. Erst in ein Zimmer rein, da lag ein toter Eisenbahner. Dann in ein anderes rein. Und da standen sie dann im Flur Schlange!
Sie sagte: »Du, ich kann dir nicht sagen, wie viele es waren! Aber es waren viele! Ich war schon mehr tot wie lebendig!«
Da ist dann einer nach dem anderen über sie rüber!
Das arme Mädchen! Sie war doch noch Jungfrau!
Vielleicht sollte man das vergessen – aber – naja...
Ihre Mutter und meine Mutter haben ihr dann immer warme Kamillenbäder gemacht und Creme und Puder drauf, was man so hatte. Sie war ja unten ganz und gar zerrissen!

Am Tag danach

Am nächsten Morgen – wieder ein wunderschöner Frühlingstag – da haben wir denn gesehen, wie fürchterlich die gehaust hatten. Es war grauenvoll!
In vielen Häusern in Kublitz lagen Tote. Zum Teil Selbstmord, zum Teil ermordet. Von Elli Lipkow der Schwiegervater, der hat seiner Frau die Pulsadern aufgeschnitten, seiner Tochter die Pulsader aufgeschnitten, und auch sein Enkelkind hat er so getötet und zum Schluss sich selbst. Aber seine Tochter hat überlebt. Die ist gefunden worden, da haben sie sie abgebunden. Sie blieb als Einzige übrig. Die andern alle ratzeputz tot! Bei Schattauers in der Wohnung lag ein junges Mädchen. Tot! Der Russe hat sie vergewaltigt, sie hat noch so gelegen, Beine auseinander und den Dolch in der Brust. Er hat sie vergewaltigt und anschließend denn erstochen. Konnte er sie nicht in Ruhe lassen? Es hat doch gereicht, wenn er sie vergewaltigt!
Eine Frau ist erschossen worden, weil sie ihre Uhr nicht gleich geben wollte. Bei Vietzkes in der Wohnung lagen viele Tote, ermordet, erschossen! Und auf den Straßen und Feldern überall Tote!
Viele Ostpreußen! Und tote Tiere, Pferde, die Leiber waren schon aufgebläht! Die waren mit ihren Trecks von der Roten Armee überrollt worden. Die ganze Straße lang, überall umgekippte, geplünderte Wagen, Geschirr, Bettwäsche, aufgebrochene Koffer und Taschen, alles lag da verstreut. Und die Sonne schien, und die Vögel haben gesungen!
Vater hat sich denn mit mehreren Männern zusam-

mengetan. Und die haben dann erst mal die Toten, wo sie lagen, auf den Feldern eingegraben. Wo sollten sie auch hin mit den Toten? Es waren zu viele! Vater sagte dann, die lagen da mit starren Augen. Denen hat ja niemand die Augen zugedrückt. Vater hat denn Stoff gesucht, was da so lag und hat ihnen was übers Gesicht gelegt, bevor sie das Grab zugeschaufelt haben. Er sagte, manch einer wäre froh, er hätte gewusst, wo seine Angehörigen sind. Aber sie sind alle unbekannt vergraben worden! Es war so furchtbar – wie soll ich sagen? – die ganze Welt war aus dem Gleichgewicht – und man ist so – also ich weiß nicht – man hat gar kein Gefühl mehr – man ist so – so erschossen!
Ich hab gedacht, ich kann nach diesem Krieg, nach allem was ich gesehen hab, nicht mehr lachen. Es ist vorbei! Aber der Mensch lebt weiter!

Wittkows Kammer

Die nächsten Wochen zogen die Russen als kämpfende Truppe durch Kublitz. Wenn auch die Toten begraben waren, du hast ja jeden Tag unter diesem Druck gelebt! Du wusstest ja nie, was die mit dir anfangen und machen! Und immer die Vergewaltigungen!
Da saßen wir bei Wittkows in der Kammer im Versteck. Nachts kamen sie dann, die Russen, und haben gesucht nach Frau und Schnaps. Aber ich sag immer, die einfachsten Verstecke sind die besten. Wenn die Russen die Stubentür auf machten bei Wittkows, war die Tür zu dieser Kammer verdeckt. Das war nur so eine halbhohe. Da musstest du dich bücken, um da reinzukommen. In dieser Kammer haben wir uns ver-

steckt, sieben Frauen immer! Der alte Wittkow saß Posten am Fenster. Und wenn die Russen kamen, rief er: »Alarm!«
Wir alle rein in die Kammer und mucksmäuschenstill. Dann hörten wir die Schreie der Frauen in den Nachbarschaftshäusern – meist Flüchtlingsfrauen, die nicht wussten wohin – und fühlten uns schuldig, weil wir in Sicherheit waren. Aber wir konnten sie doch nicht aufnehmen, die Kammer war pickevoll!
Und die Russen haben dem Wittkow mit der Pistole gedroht! »Wo Frau? Wo Frau?« Aber er hat uns nicht verraten. Nur nervlich hat er das nicht durchgehalten. Der ist am Ende verrückt geworden, nich.
Lotte hatte Iris auf dem Schoß, und die hatte so einen starken Husten. Lotte hat ihr dann immer ein Deckbett über den Kopf, dass das nicht zu hören sein sollte. Und Lotte hat so gezittert vor Angst, da haben die Zähne richtig geklappert. Sie konnte nichts dran machen. Ich sag: »Wenn du damit nicht sofort aufhörst, dann kleb ich dir eine!«
Wir waren ja alle nervlich so angespannt. Das war manchmal nicht zum Aushalten.
Denn nach ungefähr zwei Wochen haben wir gesagt: »Na, wir versuchen es mal! Wir gehen wieder nach Haus!« Aber das war nicht für lange.

Du, jung!

Wir waren gerade ins Bett gegangen, in voller Bekleidung natürlich. Wir schliefen alle in einem Zimmer aus Sicherheitsgründen – Couch, Betten, alles in ein Zimmer rein!

Dann kamen sie, die Russen. Und ihre elektrischen Taschenlampen, die gingen immer, ‚sss...sss...sss'...
Und Lotte sagt: »Mein Gott, was ist das?«
Das war der Dynamo in den Lampen. Den drückten sie immer mit der Hand so, und dann hatten sie Licht. Es gab ja keinen Strom mehr! Naja, dann kamen die rein! So einen dicken Schaffellmantel an, der eine. Ach, mein Gott – ich mich verkrochen ganz hinten ins Bett. Ich hatte schon sowieso ein altes, langes Kleid von Mutter angezogen und ein schwarzes Kopftuch um. Die Lippen ganz mit Nivea-Creme beschmiert und mit abgebrannten Streichhölzern so Falten gemalt. Da kommt der Russe so rum mit seinem Schafspelz – und leuchtet mich an. Ich sag: »Stari matka« – das hat man gelernt, sofort – stari matka – alte Frau. Der leuchtet mir ins Gesicht, nimmt meinen Schal, und wischt mir hier so brutal mit Druck die Nivea-Creme weg. »Du jung! Komm!«
Da riefen ihn die anderen – Heidi lag da und hatte ihren Anfall. Seit Reinhard, ihr Mann, vermisst war, hatte sie dies öfter gehabt. Die blieb so liegen, die Hände verkrampft. Die Beine, alles!
Die hätten sie können totschlagen, die konnte sich nicht bewegen. Waren so Schockanfälle!
Und da hab ich mich aus diesem Bett fallen lassen, ganz langsam, und bin unters Bett gekrochen.
Da haben sie mich vergessen!
Lotte hatte Iris auf dem Arm und dieser eine Russe, der riss sie ihr weg und schmiss sie durch die Luft. Und mein Vater hat sie aufgefangen und bei sich ins Bett gelegt. Lotte stand da. »Ach, was nu?«
Die andern suchten weiter, und ein junger Russe stand

Posten und sollte aufpassen. Irma hatten sie, Dora Nosseck, Heidi, Frau Fricke, Brigitte und Lotte. Da hat sie immer zu dem jungen Russen gesagt:
»Ich hab doch Kind! Kleines Kind – Baby!«
Hat er so gezeigt: »Da!« und sie sollte in das andere Zimmer gehen.
In diesem Zimmer stand ein Tisch, und die Decke hing so weit runter bis zum Boden. Und denn ist sie da unter den Tisch und hat sich dort versteckt.
Und er hat sie nicht verraten!
Heidi – trotz ihrer Krämpfe – wollten sie auch noch mitnehmen. Und unsere Mutter in tausend Ängsten.
»Nicht schießen! Nicht schießen! Tochter krank!«
Da hielten sie Heidi immer den Revolver ins Genick, bis sie gemerkt haben, dass das echt war. Und da haben sie sie liegen lassen.
Und Brigitte, die hatte Heidi so nachmarkiert! Da sagten sie: »Ganze Familie krank!« und ließen sie auch da. Sie nahmen dann Irma, Dora Nosseck und Frau Fricke mit.

Räucherkammer

Wie die Russen endlich weg waren, bin ich wieder unterm Bett vor und Mutter sagt: »Komm, Mädchen, ich weiß ein schönes Versteck!«
Und der Nosseck, Doras Vater, der hat zu mir gesagt: »Also, Sie gehen jetzt sofort nach! Ihretwegen lass ich mich nicht erschießen, wenn die wiederkommen, und Sie sind nicht da! Sie gehen sofort nach!«
Ich sag: »Das könnte Ihnen so passen! Ich geh nach, was?« Also, nee!

Sagt Mutter: »Komm man, komm, ich weiß schon, wo ich dich hinbringe.« Da brachte sie mich in die Räucherkammer, und ich sag: »Verrat bloß nüscht dem Nosseck. Der sagt doch gleich, die sitzt da und da...!« Und in dieser Räucherkammer roch es so – gut – nach Speck und Räucherschinken. Wir hatten ja unten eine große Kammer und diese war noch von früher. Das war alles rundum schwarz von dem Rauch. Ich saß denn da drin auf einem leeren Marmeladeneimer. Mit mal geht die Tür auf – ich krieg noch erst einen Schreck – da kommt unsere Lotte. Der war wieder nix passiert. Sag ich: »Mensch, hast du ein Glück, dass der dich nicht verraten hat!«
Mutter hat ihr auch einen Eimer hingestellt, und da saßen wir beide nu in totaler Finsternis auf diesen zwei Eimern in der Räucherkammer. Das waren so fünfundzwanzig Pfund Marmeladeneimer mit oben und unten einem Rand. Der schnitt vielleicht in den Hintern, das kann man wohl sagen! Später denn kam auch noch Dora in diese Kammer rein. Die war aber schon vergewaltigt worden. Die wollte unbedingt immer raus. »Ich geh raus! Ich geh raus! Ich bin doch nicht blöd! Ich bin doch nicht blöd und sitz in dieser Räucherkammer!«
Ich sag noch zu ihr: »Du brauchst ja auch nicht! Du kannst ja gehen! Musst nur klopfen, dass Mutter dich holt. Ich geh jedenfalls nicht!«
Wie sie denn raus und klopfen wollte, da gingen die Taschenlampen wieder, ‚ssss...sss..sss' ... Da kamen sie das zweite Mal. – Na, da blieb sie sitzen!
Als die dann weg waren, hat sie geklopft, und Mutter ließ sie raus. Aber Lotte und ich, wir blieben eisern

sitzen bis morgens früh um Fünfe und haben uns den Hintern verdröhnt – aus Angst vor diesen Russen.
Nee, also, wir hatten ja eine Angst! Das ist wahr!

Eine Junge für Offizier

Und als die Russen das zweite Mal wiedergekommen waren, haben sie Frau Fricke zurückgebracht. Die war ihnen zu alt. Und jetzt sollte was Junges her! Da haben sie sich ihre Tochter Brigitte geschnappt und gleich mitgeschleift mit nur einem Stiefel an. Die ließen sie nicht mal ihren zweiten Stiefel anziehen.
»Nix! Nix! Dawei! Dawei!«, und hin zu Offizier, der ein junges Mädchen brauchte!
Von dem ist sie denn ein paar Mal vergewaltigt worden. Und sie hat zu mir gesagt: »Traute, danach bin ich aufgestanden. Hab ich gedacht, jetzt schlafen sie.«
Die lagen alle besoffen auf dem Boden herum. Naja jedenfalls, denn hat sie sich über die Betrunkenen so rüber getastet im Dunkeln, weiter und weiter zur Tür. Und als sie die endlich erreicht hat, da steht ein Posten davor. Da sagt sie zu dem: »Offizier hat gesagt, ich kann gehen!« Denn winkte der so ab, sie soll gehen.
Sie ist denn noch nicht gleich zu uns nach Haus, damit er nicht weiß, wo sie hin ist. Sie ist zu einem Nachbarhaus und hintenrum durch die Scheune zu uns rein.
Denn war Ruh für die Nacht!

Dwa, pijatch, sijem...

Aber wir sind denn alle wieder reumütig zurück in diese Kammer bei Wittkows. Jedenfalls waren wir

dort sicher, bis auf das eine Mal.
Da hatten die Russen die Stubentür zugemacht und die kleine Kammertüre gefunden. Denn kamen sie rein und wir wie erstarrt vor Angst. Und jede hat sich ganz klein gemacht, so klein wie irgend möglich.
Die hatten auch so Taschenlampen und dann leuchteten sie uns an und zählten: »Dwa, pijatch, sijem...« ‚sijem', das war ‚Sieben'. Das hab ich einmal gehört im Leben. Das weiß ich heute noch!
Dann haben sie aber nichts weiter als unsere schöne Sülze gewollt, die wir da im Versteck hatten. Da haben sie bloß noch gelacht und sind mit der Sülze abgezogen! Aber die nächste Nacht hab ich gesagt: »In dieser Kammer bleib ich nicht mehr. Nachher kommen die noch zurück!« Da sind wir rüber zu Menzel ins Kohlenlager. Über den Kohlen da, da war so Holz gestapelt und auf diesem Holz haben wir gelegen. Uns hat aber jeder Knochen einzeln wehgetan, Mensch! Um ‚Dreie' kam Mutter: »Mädchen, kommt! Jetzt ist alles ruhig. Es kommen keine Russen mehr!« So war meine Mutter! Um diese Zeit – sie kam! 'Kommt jetzt runter, kommt ins Bett!' In der nächsten Nacht sind wir denn aber wieder zurück nach Wittkows.

Mutter mittenmang

Danach hat uns in der Kammer auch weiter keiner belästigt. Das dauerte aber noch Wochen bis es dann so weit war, dass wir zurück nach Haus konnten. Da waren ja zeitweise bis zu achtzig Russen einquartiert. Die amüsierten sich denn in unseren Kleidern.
Der eine Russe hatte meinen schönen Hut auf vorne

mit der Schleife, den aus Frankreich, und Pauls Hochzeitsfrack an, so stolzierte er im Hof herum. Und der ganze Hof – alles voller Fahrräder – manche hatten gar keine Schläuche mehr. Da versuchten die, auf den Felgen zu fahren. Morros, unser Hund, holte sie denn immer runter vom Fahrrad. Der biss denen in die Hosen, aber dem haben sie nichts gemacht.
Wir konnten dies alles so beobachten vom Küchenfenster bei Menzels. Und unsere Mutter immer mittenmang de' Russen. Da mussten ja die Kühe gemolken und das Vieh versorgt werden. Unsere Mutter war eine furchtlose Frau. Sie tat eben, was getan werden musste! Ihr ist aber nichts passiert, außer, dass sie sie ein paar Mal an die Wand gestellt haben.
Denn waren da mal drei Russen, die konnten Deutsch, hatten studiert – die waren anständig. Sie haben Mutter Fett und Mehl geschenkt. Da hat sie einen ganzen Berg Schürzkuchen gebacken Und die drei haben aufgepasst, dass nichts passierte. Die haben die Tür abgeschlossen und denn die Schürzkuchen gegessen. Und Mutter hat uns auch noch eine Riesenschüssel voll rüber gebracht zu Wittkows.
Na, das war ja natürlich nu wieder ein Schmaus, nich!

Unsere Mutter war eine starke Frau!
Sie war so fest im Glauben. Das machte sie furchtlos.
Auch bei den Russen!
Wie sie immer auf das Bild mit Christus, dem guten Hirten, stachen – das hing bei unseren Eltern im Schlafzimmer – da hat Mutter sich hingestellt vor dem mit dem Säbel und gesagt: »Warum tust du das? Was hat der dir getan, dass du so was machst?«, und hat

auf das Bild gezeigt. Irgendwie hat der sich dann geschämt und ließ das nach. Aber der andere hat sie an die Wand gestellt und hat angelegt zum Erschießen.
Naja, sie stand ja immer still!
»Schieß! Wenn es Sein Wille ist, dann bist du nur Sein Werkzeug!"
Ich weiß nicht, ich glaube, sie hat gedacht, wenn sie schießen, schießen sie! Aber sie schossen nicht!
Sie haben sie vier Mal an die Wand gestellt, und nichts ist passiert! Ich denk immer so oft, ihre Stunde war noch nicht da.
Später, als ihre Stunde kam – da war die schlimme Zeit schon vorbei – aber da konnte ihr keiner mehr helfen!

Nazi-Nest

Einmal war eine ganze Kompanie auf unserem Hof einquartiert, und diese Russen blieben da eine ganze Woche lang. Sie fanden denn das Versteck, wo wir alle unsere Wertsachen versteckt hatten.
Da hatte unser Vater einen Kellerraum zugemauert und denn die Wand geschwärzt, dass nichts zu sehen sein sollte. Da kam der Schattauer auch noch an und brachte eine Kiste, die er bei uns verstecken wollte. Vater hatte so nichts dagegen. Aber nu, als die Russen dies Versteck fanden, stellte sich raus, dass da in dieser Kiste Nazi-Uniformen, Hitler-Bilder und die Hakenkreuzfahne drin waren. Was dieser Schattauer sich wohl dabei gedacht hat?
Also, nee, da rechnet doch keiner mit. Man versteckt doch seine Wertsachen!

Naja, jedenfalls riefen die Russen: »Nazi! Alles Faschiest und Nazi!«
Die dachten, da wäre ein Nazi-Nest gewesen und wollten den Hof abbrennen. Und alles wegen diesem Schattauer! Und unsere Mutter denn dazwischen und geredet und hin und her. Die hat das wirklich fertiggebracht. Sie haben ihr geglaubt! So hat sie denn verhindert, dass der Hof abgebrannt wurde!
Die Russen amüsierten sich denn mit unseren Wertsachen. Die aßen nur noch mit unserem Silberbesteck, und als sie wieder abzogen, da hatte jeder einen Silberlöffel im Stiefel stecken. Und überall im Haus lagen ihre Holzlöffel herum. Die ließen sie uns!
Aber in den Zimmern, da sah es aus, wie im Schweinestall! Die Betten hatten sie von oben bis unten, auf Deutsch gesagt, vollgeschissen! Kompottgläser mit Blaubeeren und so an die Wand geknallt, Möbel und den Flügel zerhackt!

Heidi im Gefängnis

Nach der Rückkehr von Schwerinshöhe waren wir ja alle registriert worden auf der russischen Kommandantur in Kublitz. Eines Tages da musste man hin und sich melden. Zwei Russen mit einer Dolmetscherin haben Leute gesucht zum Abtransport nach Russland zur Zwangsarbeit. Lotte hatte Iris auf dem Arm und ich Peter. Den machte ich immer kleiner, als er war.
Lotte ließen sie gehen, aber bei mir haben sie gezögert. Ich hab dem Mädchen, der Dolmetscherin, dann doch wohl leidgetan. Sie hat denn gesagt:
»Ach, die nicht!«

Da ließen sie uns beide, Lotte und mich, gehen, weil wir Kinder hatten. Heidi musste mit, Dora Wittkow und die Tochter von Albrechts aus der Wasserstraße, die mussten alle mit! Ohne nix! Ob du wolltest oder nicht, du musstest gehen mit Gewehr im Anschlag. So kam Heidi in den Knast!
Und Mutter hat so gejammert. Sie war eben wie eine Mutter. Sie hatte immer um das Kind Angst, was da grade in Gefahr war. Da sagt unsere Irma: »Ja, wenn mir was ist, ich kann ja ruhig vergewaltigt werden – das interessiert keinen! Ich bin ja sowieso das schwarze Schaf! Ich kann mich ja ruhig umbringen! Das kümmert keinen!«
Der Menzel und der Nosseck, die hatten für sich selbst ein Grab ausschaufeln müssen im Garten bei Menzels. Die Russen wollten die beiden erschießen. Und das Grab war noch da und offen. Und unsere Mutter war so fertig von Irmas Rumgekreische und dass Heidi weg war, da hat sie gesagt: »Irma, hast recht, häng dich auf, oder mach, was du willst. Da ist schon das Grab fertig für dich. Da kannst du rein!«
Und alles, was Irma da sagte, war: »Pfff...«
So war sie!
Sie ist dann wieder mit ihren Kindern, Anita und Bernd, zurück in ihre Wohnung nach Stolp.

Heidi hat Glück

Jedenfalls hatte Heidi insofern wieder Glück – da arbeitete ein Pole als Dolmetscher im Gefängnis – der hat denn gesehen, wie Heidi in ihrer Angst diese Anfälle hatte. Da ist er denn hin zu diesem Gefängnis-

kommandeur und hat gesagt, die Frau wäre krank und müsste nach Hause!
Dann ist es losgegangen: Vernehmung – Vernehmung – Vernehmung! Da haben sie Heidi denn so richtig in die Mangel genommen, ob sie in der Frauenschaft, in der Partei und, was weiß ich nicht alles, war.
Sie war nicht! Und hat eben verneint. Letztendlich haben sie ihr geglaubt und gesagt, sie kann gehen!
Ja, das war schlimm!
Aber denn kam Heidi doch zurück, Gott sei Dank!
Auch, wenn sie voller Läuse war – Kleiderläuse!
Mutter hat dann sicherheitshalber Heidis Kleider alle verbrannt.

Ab nach Sibirien

Naja, Heidi sagte dann, die Läuse wären die Zellenwände immer rauf und runter. Und die Frauen lagen da dicht an dicht. Die alten haben die jungen Frauen schon immer nach hinten, um sie zu schützen. Aber die kamen jede Nacht, diese Russen, und haben sich die jungen raus gefischt, mit denen sie das denn getrieben haben!
Und die hatten alle nichts verbrochen, außer, dass sie Deutsche waren, nich.
Erst in den Knast, denn in Gruppen zusammengestellt und ab nach Sibirien. Kolonnenweise!
Dora Wittkow, die kam erst viel später raus als Heidi.
Da waren die Verschleppungen denn schon verboten worden. Aber Dora war in einem schrecklichen Zustand, als die sie endlich freigelassen haben.

Verdreckt, verlaust, körperlich und seelisch gebrochen. Sie hat sich in diese Kammer von Wittkows verkrochen wie ein waidwundes Tier – Tag und Nacht – und keinen Fuß mehr vor die Tür gesetzt!

7 Die Russen und die Polen

Bolz

Immer wieder mal zogen Ostpreußentrecks durch Kublitz. Manche nach Westen, manche zurück nach Osten. Keiner wusste wohin.
Ein fürchterliches Durcheinander!
Mit so einem Treckwagen kam die Frau Bolz, und wir nahmen sie auf mit ihren zwei Söhnen, Hubertus und Eberhard. Immerhin brachten sie eine Kuh mit. Die stellten sie bei uns im Stall unter. Am Anfang hat sie immer gesagt, dass sie eine Bauersfrau wäre. Aber melken konnte sie nicht!
Nachher hat sie mir und Vater doch erzählt, dass sie ein Gut hatten bei Labiau in Ostpreußen.
Da sagte noch immer so stolz ihr Sohn, der Hubertus: »Wenn ich dann durch Labiau ritt, dann sagten die Leute: Guck mal, da reitet dem jungen Herr Bolz!«
Also der Hubertus, der Älteste, das war der geborene Herrenmensch. Und immer höflich: ‚könnte ich bitte dies, und dürfte ich bitte das'. Das war der typische, nur nicht sich schmutzig machen und immer sauber sein. Der wäre in Glanz und Gloria mit seiner Mutter verhungert!
Aber der Kleine, der Eberhard, der hat seine Mutter ernährt. Seine Breeches, diese schwarzweiß-karierten, die waren dreckig und seine Stiefel auch. Der hat mit den Russen gehandelt, geschoben und geklaut, aber er kam mit einem Huhn!

Hin zu Miliks

Mutter und Vater nahmen ja alle auf, die kamen – nicht bloß die Bolzens. Da waren die Frau Hamann und ihr Mann – die kamen aus Stettin und waren vor den Bomben geflohen – Emma Fricke und ihre Tochter Brigitte – die hatte Erich Fricke uns ans Herz gelegt, als er zum Schluss doch noch eingezogen wurde.
Anna Boll war auch da. Ihre Wohnung war leer, kein Mensch drin, da konnte sie ja in ihre Wohnung gehen. Nein, sie kam zu Miliks, weil sie nüscht zu essen hatte. Und meine Mutter und mein Vater sagten, ja, sie kann bleiben! Dann Ulli, die war ja verwandt mit Kurt. Aber mit den Leuten sonst hatten wir alle nüscht zu tun. Mutter machte sie alle satt – und als Anhängsel noch die Nossecks.
Da brachte sie auch immer noch rüber.
Im Krieg, ja, im Krieg da rückt man zusammen!
Aber Unsere, die waren wirklich – das hat kein anderer gemacht und hat neun fremde Mäuler durchgezogen bis zum bitteren Ende! Naja, das ist ja jetzt egal.
Das ist auch alles gegangen.
Da hat auch nie einer gemurrt, Vater oder Mutter oder was, sie hätten es ja auch nicht tun brauchen.
Es wird ihnen jetzt vielleicht im Himmel angerechnet.

Plünderer

Es wurde auch weiterhin geplündert, von Polen, Russen, Fremdarbeitern, Kriegsgefangenen, was weiß ich. Türen durfte man nicht abschließen. Wäre auch sinnlos gewesen, wären bloß aufgebrochen worden. Doch

das Schlimmste war, man war vollkommen rechtlos. Sie konnten alles mit einem machen: anspucken, schlagen, vergewaltigen, umbringen, egal! Man war vogelfrei, sozusagen!
Wo wollte man sich beschweren?
Denn kam eine ganze Horde Plünderer. Das waren mindestens drei, vier Frauen und auch noch so Kerle. Die kamen mit Pferd und Wagen. Die nahmen alles aus den Schränken raus, was sie gebrauchen konnten, und wir saßen dabei! Was konntest du machen? Nüscht! Da nahmen sie der alten Frau Hamann ihr letztes Paar Schuhe weg. Schöne, neue Schuhe.
Da war unsere Mutter so erbost über dies, und weil die Frau Hamann so gejammert hat über ihre Schuhe, da ist sie hin an den Wagen, und da *hat* sie denen Bescheid gesagt. Das waren Polen, Fremdarbeiter, und so viel Deutsch konnten sie. Mutter kam ja denn immer mit der Religion. ‚Gott wird euch strafen! Ihr plündert und raubt einer alten Frau die Schuhe! Er schaut auf euch in diesem Augenblick! Das Jüngste Gericht wird über euch kommen!' und so.
Ach, ich weiß nicht, was sie denen noch alles gesagt hat, aber jedenfalls nichts Gutes. Die waren so verschüchtert, die nahmen alles, was sie uns geklaut hatten und brachten es wieder zurück.
Mutter machte einfach Eindruck!

Eene deutsche Frau

Dann wurde neben der russischen Kommandantur auch eine polnische Miliz eingerichtet. Wir wussten gar nicht, wer nu eigentlich das Sagen hatte.

Mal hieß es, wir kommen unter polnische Verwaltung, mal wieder nicht, aber keiner wusste was Genaues. Wir waren ja abgeschnitten von allem, keine Zeitung, kein Radio, kein Nichts!
Zu der Zeit kamen viele Polen nach Kublitz, mit Panjewagen, mit Zug oder Lastwagen, von überall her. Die gingen so herum im Dorf und suchten sich aus, was sie übernehmen wollten. Wenn es denen passte, schmissen sie einen aus der Wohnung, und man musste gehen. Was wollte man machen? Man hatte ja keinerlei Rechte mehr, nich.
Eines Tages kam ein Pole auf unseren Hof, kam einfach rein und sagte:
»So, diesen Hof hab ich mir ausgesucht.«
So übernahm Kucharski den Hof, allerdings noch ohne Familie. Die holte er später nach.
Wir konnten noch froh sein, dass er uns nicht gleich rausschmiss und wir für ihn arbeiten durften!
Ich musste eine polnische Fahne nähen. Die wurde dann raus gehängt zum Zeichen, dass dieser Hof besetzt war.
Kucharski sprach fließend Deutsch mit schlesischem Dialekt. »Eene deutsche Frau näht eene polnische Fahne!«, sagt er und grinst so spöttisch.
Ich sag: »Ja! Aber erstens, unter Zwang und zweitens, aus einer Hakenkreuzfahne! Sie haben ja noch nicht mal eigenen Stoff!«
Da meint er: »Na, du bist ja ganz schön nazisch.«
Ich sag: »Das müssen Sie mir erst mal beweisen!«
Wir waren ja nirgends drin, außer Mutter. Sie war in der Frauenschaft wegen des Geschäfts!
Vater ging nicht in die Partei. Er war schon öffentlich

als Polenfreund bezeichnet worden auf den Ortsversammlungen, bloß, weil er menschlich war!
Das war so gewesen: In der Schreinerei, da lagen die polnischen Zwangsarbeiter und Kriegsgefangenen auf dem blanken Fußboden. Da hat Vater gesagt, sie sollten kommen und sich wenigstens Stroh holen. Zum Dank dafür hatten sie uns ein selbstgemachtes Holzkästchen geschenkt. Sah aus wie ein Buch und eine rosa Rose drauf geschnitzt. Wirklich schön. Und Vater hatte so auch nichts dagegen, dass sie in Stefans Stube saßen und Karten spielten oder was. Und das war nu wieder ein Glück für uns. Die haben denn dem Kucharski gesagt: »Also wenn du dem Milik etwas machst, und wenn du den nicht anständig behandelst, dann kriegst du es mit uns zu tun!«
Denn hat Kucharski ja unserem Vater angeboten, dass er jeden Tag mit ihm zusammen essen könnte.
Aber Vater hat abgelehnt. Hat er gesagt: »Ich esse da, wo meine Kinder essen und nirgendwo anders!«
Kucharski fuhr denn zwischendurch immer mal nach Polen, um seine Familienangelegenheiten zu regeln.
Da waren wir froh, wenn er weg war!
Stefan, Janinka und auch Ehlerts Leo, die sind aber dann wieder ganz zurück nach Polen. Janinka hat drei Fotoalben von Heidi mitgenommen.
Das hat mich denn schon geärgert. Was wollte die mit unseren Fotoalben?
Also, nee!

Flintenweib und solche Gurken

Jeden Morgen musste man sich zur Arbeit melden, hin zum polnischen Sekretär. Man konnte sich aber nicht aussuchen, wo man arbeiten wollte. Alle Frauen mussten sich aufstellen in eine Reihe.
Da stand man denn da wie auf dem Sklavenmarkt.
Denn kamen die Kerle alle, die Polen und jeder sagte, die will ich, und die will ich, und die will ich!
Na, dann musste man mit ihm gehen, nich.
Wenn man Glück hatte, dann kriegte man beim einem was zu essen, beim anderen nicht!
Denn wurde ich mit anderen Frauen abkommandiert, ein brachliegendes Stück Feld umzugraben. Ein Flintenweib dabei. Die marschierte auf und ab und sollte auf uns aufpassen. Das war so ein Weib wie ein Kerl, so ein richtiger Trampel – Stiefel an und Flinte über – und denn immer auf Polnisch angetrieben!
Erst Mist aufladen und dann den schweren Mistwagen aufs Feld ziehen – alles lauter Frauen – denn den Mist ausbreiten, jede Frau einen Spaten in die Hand und denn los – umgraben! Und nachher mit der Egge rüber. Da wurden wir zu neun Frauen vorgespannt. Seil so rüber über die Schulter und zwei an den Rädern – ich hinten am Rad – und denn los – ziehen! Die deutsche Frau war Pferdeersatz!
Zu essen gab es nüscht! Aber einen Eimer Wasser! Da konnte man dann trinken, musste aber immer erst fragen – dies Flintenweib! Die reinste Strafkompanie war das! Wie soll ich sagen, man ist ja gar nicht man selber. Innerlich hat man eine Wut, man hätte dieses Weib können umbringen! Andrerseits hatte man so

seinen Stolz, man wollte nicht zeigen, dass einem das was ausmacht! Da ließ man sich ja nix anmerken!
Und am Abend war man so erledigt – so total fertig! Da konnte man nur hoffen, dass man am nächsten Tag nicht wieder dafür ausgesucht würde. Aber die schlimmste Arbeit war, die Klärgrube von den Klos der Miliz ausleeren – mit Eimer und Schaufel!
Das war auch bloß so zur Schikane!
Und die Frau Kiau, die sehe ich noch – die Frau von Bäcker Kiau – die stand bis zu den Knien in den Fäkalien von diesen Plumpsklos, und denn rief sie:
»Hm, das Zeug ist gut! Herr Sekretär, Herr Sekretär, das müssen Sie nehmen! Das gibt solche Gurken!«
Und denn zeigte sie mit den Händen so breit.
»Nee, was sag ich? Solche Gurken, solche Gurken!«
Und denn zeigte sie noch breiter. Da waren die Gurken schon einen Meterfuffzig lang!
Und der Sekretär wurde immer wütender, je mehr sie sich lustig machte. Aber das muss man erst mal fertigbringen, wenn man, im wahrsten Sinne des Wortes, in der Scheiße steht!

Unsere Jungs

Eines Tages hieß es – so durch Mundpropaganda – es kommen deutsche Kriegsgefangene durch Kublitz.
Mutter Schmalzstullen geschmiert, alles Brot was wir hatten. Und Lotte und ich Blumensträußchen gemacht. Die wollten wir den Soldaten geben nach dem Motto: ‚Ihr seid doch die Besten!'
Denn fuhren die Lastwagen mit den Gefangenen extra langsam durch Kublitz – denen guckte aber der Hun-

ger aus allen Knopflöchern – und rundrum gingen Russen mit aufgepflanztem Bajonett. Und Lotte und ich mit unseren Schürzen voll Schmalzbrote kamen gar nicht bis ran an Unsere. Achgottachgott, die sahen ja erbärmlich aus, und die Uniformen so zerrupft. Ein Bild des Jammers! Wir haben denen denn zugerufen: »Kopf hoch! Lasst euch bloß nicht unterkriegen, Jungs!«, und haben die Brote denn so geschmissen vom Bürgersteig aus. Da haben sie sich um diese Schmalzstullen gebalgt auf den Lastwagen.
So verhungert waren die!
Und denn flogen uns die Kugeln um die Ohren. Da haben die russischen Begleiter geschossen. Wir aber ab durch die Scheune und hinter der Kartoffelmiete versteckt. Uns hat aber das Herz geklopft – und die Knie haben gezittert. Das war nicht so ohne! Wir haben wirklich gedacht, jetzt erschießen die uns noch! Wir wussten ja, wozu die Russen fähig waren. Aber sie haben uns nicht verfolgt! Jedenfalls, sind wir unsere Schmalzbrote alle losgeworden. Aber zu den Blumen sind wir gar nicht mehr gekommen. Das war sowieso Blödsinn mit den Blumen!

Kontra

Als Roosevelt denn starb, hofften wir alle auf Truman, den neuen amerikanischen Präsidenten. Denn kam das Gerücht auf, die Polen müssen alle wieder zurück. Und da waren viele, die hatten ihre Sachen schon gepackt. Kucharski war sich auch nicht sicher, ob er unseren Hof behalten könnte, aber er blieb.
Und er konnte bleiben!

Ganz Pommern sollte mit Polen besiedelt werden!
Die Polen konnten weitermachen mit der Vertreibung der Deutschen! Truman hatte das nachträglich abgesegnet. Also, wir konnten das gar nicht glauben, aber es war wahr. Unfassbar!
Trotzdem, ich hab Kucharski immer Kontra gegeben. Das war vielleicht falsch, aber liebäugeln konnte ich auch nicht mit ihm. Dann immer dies Anbiedern und einen da betatschen wollen, na, das war auch nichts. Ich hab ihm einmal zwischen die Beine getreten. Ich glaube, ich hab getroffen. Er hielt sich da so mit den Händen! Da kam er von hinten und wollte mich abgrabschen. Das war ja schon widerlich!
Das war ja unerträglich! Wenn du da gehst, denn, ‚Hach, diese schönen Beine' und immer so. Das widert einen an, so ein Mann. Am meisten war er hinter Lotte her! Sie hat immer gesagt: »Der kriegt mal von mir eine Abfuhr! Dem spucke ich mal ins Gesicht!«
Denn meint er zu mir: »Also deine Schwester Lotte, die möchte ich mal probieren!«
Ich sag: »Sie? Bei meiner Schwester kommt nicht mal ein Deutscher ran, und ganz bestimmt nicht so einer wie Sie!« Lotte hat schon recht gehabt, wenn sie ihn anspuckt. Sie hat das ja gemacht! Jedenfalls hat sie genug Spucke gesammelt, dass das auch im Gesicht zu sehen war. Allein schon dieses Ansinnen von dem Menschen, wenn eine von euch sich mit mir einlässt, hole ich meine Familie nicht nach!
Da hat sich aber manche deutsche Frau mit Polen oder auch Russen eingelassen, damit sie es besser hatte.
Ich will das gar nicht verurteilen. Wir waren eben ein bisschen zu stolz! Aber ich weiß nicht, es schadet

nichts, wenn man seinen Stolz hat. Ich brauche mich nicht zu demütigen und vor ihm kratzen und sagen: »Kommen Sie, Herr Kucharski, ich geh mit Ihnen ins Bett, wenn Sie mir zu essen geben.«
Pfeif drauf, lieber verhungere ich! Das sollten wir auch! Entweder verhungern oder raus. Anders ist das gar nicht zu verstehen!
Es war ja so: Wir kriegten keine Lebensmittelkarten! Wir kriegten keine Zloty! Und die deutsche Mark war nix mehr wert und wurde auch nicht umgetauscht! Da hatte man kein Geld, hatte keine Lebensmittelkarten – man stand da mit nix. Wenn man dies so erzählt, dann kommt einem alles wieder ein, wie das furchtbar war! Es war wirklich furchtbar! Dann denk ich immer, wie wir uns doch eigentlich tapfer geschlagen haben!

Pastor Drescher

Der Drescher war ein ganz junger Pastor, höchstens um die Dreißig. Der war man gerade erst Pastor – und der kam nach Kublitz Kirche halten. War das erste Mal nach Kriegsende. Irgendwie hatte sich das herumgesprochen, und da war natürlich damals die Kirche voll. Wir also auch alle hin zur Kirche. Man war ja neugierig, nich.
Aber der Drescher hatte eine Ausstrahlung und er hat auch so anders gesprochen! Weil sich doch so viele umgebracht haben in ihrer Not. Und dann hieß es ja immer Selbstmörder und so. Und da hat er dann gesagt: »Gott gibt dem Menschen nur so viel auf, wie er tragen kann. Und diese Menschen konnten es nicht mehr tragen. Darum wird Gott auch sie aufnehmen in

Sein Reich!«
Er hat immer gesagt: »Gott lebt!« und dann hat er uns erzählt: Er war in Stolp im Gefängnis mit sieben anderen Männern in einer Zelle und hat zu denen gesagt: »Brüder, Christus lebt! Wir wollen beten!« Sie haben dann auch mit ihm gebetet und immer wieder und immer wieder. Dann ging es auf Ostern, und sie sollten ab nach Sibirien. Da waren sie mit der Kolonne unterwegs, sind bei Kaufhaus Zeeck vorbei am Neutor, da stand ein russischer Offizier, und die Kolonne musste anhalten. Da haben denn die anderen zu ihm gesagt: »Na, Pastor Drescher, wo ist denn jetzt dein Christus? Wo ist er? Es ist Ostern und wir marschieren nach Sibirien! Und wo ist nun dein Christus?«
Da ist der Drescher hingegangen zu dem Offizier und hat gesagt: »Herr Offizier, es ist Ostern! Christus lebt! Gebt uns frei!« Und der Offizier ist mit ihm gegangen, hat die Sieben raus gezählt und ihn und hat gesagt: »Geht nach Hause!«
Wenn da hundert Mann, oder wie viel, marschieren und diese, die gebetet haben, sucht er raus und lässt sie gehen. Das ist doch ein Wunder!
Jedenfalls hat der Drescher gut gesprochen, und wir waren alle beeindruckt. Ich hab gedacht, wenn jetzt mal so eine Schar Russen reinkäme in die Kirche, wir hätten keine Angst gehabt! Wir glaubten einfach ganz fest, dass uns nichts passieren kann!
Er hatte wirklich, muss ich sagen, die Begabung oder die Überzeugung. Also Überzeugung war es von ihm auf jeden Fall, dass nichts passieren kann.
Er war davon durchdrungen!
Dann waren da auch Polenfrauen, ältere, die rutschten

denn auf ihren Knien vom Eingang bis zu dem Altar – vor diesem deutschen Pastor. Ob sie das verstanden haben, was er gesagt hat, weiß ich nicht. Aber jedenfalls hatte der so eine Ausstrahlung, dass sie von ihm irgendwie ergriffen waren. Oder, ich weiß nicht, wie soll man das nennen? Jedenfalls hat er uns Mut und Kraft gegeben, dies alles weiter durchzustehen. Er hat denn auch Kindergottesdienst gehalten – da ist Peter mit Iris an der Hand hingegangen – und dann hat er auch noch die Kinder konfirmiert. Dann durften wir nicht mehr in unsere Kirche. Das war von den Polen verboten worden. Da hat der Drescher gesagt:
»Das soll uns nichts ausmachen, dann predige ich auf dem Schulhof unter freiem Himmel!«
Und dann sind wir auch da hingegangen!
Aber den Polen hat es nicht mehr gepasst, dass die Leute ihn so verehrt haben, und sie haben ihn denn kurz nach Pfingsten rausgeschmissen. Jedenfalls, von dem Pastor Drescher ging irgendwas aus, schon die Augen und so, ich kann das nicht beschreiben, aber von dem, was er gesagt hat, war er überzeugt!
Vielleicht auch nun noch durch dies Wunder, was ihm passiert ist, nich? Ich mein, das war ja ein Wunder an sich! Da denk ich manchmal: Ja, es gibt schon Dinge, die der normale Menschenverstand sich nicht erklären kann!

Die Seuche

Denn kam die Seuche – die Typhus-Epidemie.
Als erstes wurde die Frau Bolz krank. Das war Juni 1945. Aber sie hatte es nicht so schlimm, und wir

wussten anfangs gar nicht, dass das Typhus war. Mutter pflegte sie, und bei Fischers gegenüber pflegte sie auch. Da waren auch Flüchtlinge aus Ostpreußen hängengeblieben. Die hatten Flecktyphus gekriegt.
Das stellte sich aber erst nachher raus.
Dann wurde Mutter selbst krank, und vierzehn Tage, drei Wochen später, so ungefähr, kriegte ich auch Typhus. Jedenfalls Mutter hat schon schwer gekämpft mit der Krankheit, da ging es bei mir auch los.
Vielleicht hat mir Kucharski sogar das Leben gerettet. Das kann man gar nicht wissen. – Er brachte mir ein Weinglas voll Schnaps, hochprozentigen. Das musste ich trinken gegen den Typhus. Ob das das Richtige war, weiß ich nicht.
Na ja, jedenfalls lag ich im Zimmer neben Mutter und guckte ab und zu, was sie machte – solange ich noch konnte. Einmal sagte sie zu mir:
»Mädchen, wo bist du eigentlich nachts?«
»Wo soll ich denn sein, Mutter? Ich schlafe nebenan im Zimmer.«
Da sagte sie zu mir: »Nehmt euch in acht vor Kucharski! Er ist ein Wolf im Schafspelz! Wenn ich tot bin, will Kucharski dich ins Seuchenhaus bringen. Geh nicht dort hin!«

Dr. Heiligendorf

Das Seuchenhaus war nicht etwa ein Krankenhaus. Nein, das war nichts als eine Scheune mit Stroh drin.
Da lagen die Typhuskranken alle. So, und nu: wenn du stirbst, dann stirbst du eben, nich!
Bei Mutter kam noch zweimal Dr. Heiligendorf. Vater

hatte ihn geholt. Aber der wollte probieren, aus Pommern raus zu kommen . Einmal hatte er dies schon versucht. Denn war er bis Stettin gekommen. Da haben sie ihn erwischt, die Polen. Die haben ihn bis auf die Unterhosen ausgezogen und zurückgeschickt. Der kam in Unterhosen zurück!
Trotzdem wollte er es noch einmal versuchen. Wir haben denn nüscht mehr gehört von ihm.

Mutter stirbt

Mutter ging es immer schlechter. Da holten wir Irma mit ihren Kindern, Anita und Bernd, aus Stolp.
Die blieben zwei Tage, so ungefähr, dann sagte Irma: »Die Olle stirbt ja so oder so, ich fahr wieder zurück!«
Das hat sie gesagt!
Ich kann sie nicht anders machen, wie sie war!
Eines Morgens kam Vater ins Zimmer. Heidi und Lotte hatten Nachtwache gemacht und sie sagten:
»Mutter hat die ganze Nacht ruhig geschlafen. Jetzt wird sie gesund.«
»Nein«, sagte Vater, »sie stirbt – heute noch! Sie hat die ganze Nacht an meinem Bett gesessen. Ich hab sie atmen gehört. Zieht die Gardinen auf!«
Als das Licht ins Zimmer fiel, konnte man sehen, wie Mutter sich verändert hatte. Vater kam zu mir und sagte: »Mutter stirbt, wenn du sie noch mal sehen willst, komm!«
Er half mir aus dem Bett und rüber ins Zimmer, wo Mutter lag. Sie war ganz ruhig, nur ihr Atem wurde leiser. Dann wollte sie noch Peter sehen und Iris, ihren ‚kleinen Dickorsch'. Wir konnten das Schluchzen

kaum unterdrücken. Und Vater sagte:
»Still, Mädchen, lasst Mutter in Frieden gehen!«
Sie atmete immer flacher und flacher. Dann hat sie noch mal tief Luft geholt und ganz langsam ausgeatmet. Dann war sie tot!
Ich konnte nicht mehr! Ich hab geschrien und geweint und am ganzen Körper gezittert.
Vater sagte: »Es hat doch keinen Zweck. Komm, ich bring dich wieder ins Bett.«
Aber ich konnte nicht aufhören zu weinen. Das war ein richtiger Nervenzusammenbruch.
An der Beerdigung konnte ich nicht teilnehmen, bloß an den Feierlichkeiten im Haus. Ich konnte kaum die Treppe runterkommen, und Vater musste mich halb tragen. Es waren so viele Leute da – alle sind sie gekommen. Mutter war beliebt! Aber ich habe alles wie durch einen Schleier gesehen. Ein Lehrer hat die Ansprache gehalten. Einen Pastor gab es ja nicht mehr.
Ich konnte nicht mehr weinen. In mir war alles leer.
Als sie mich wieder nach oben brachten, musste ich durch all diese Leute. Alle fassten mich mitleidig an. Haben wohl gedacht, ich wäre die Nächste!
Heidi hat dann erzählt, bei Mutters Beerdigung hat Irma sich angestellt wie eine Verrückte. Sie hat geheult und geschrien: »Mutter! Mutter!«
Und Heidi ist denn hin zu ihr und hat gesagt:
»Irma, wenn du dich nicht sofort zusammennimmst, dann hau ich dir rechts und links paar runter! So wie du dich zu Mutter benommen hast..!«
Und da ließ sie das Theater nach! Ich weiß auch nicht, was in Irma vorgegangen ist!

Schwester Lina

Ein paar Tage nach Mutters Tod, so um den 28. Juli herum, kam Schwester Lina. Das war ein Glücksfall für uns! Die kam auch mit einem Ostpreußentreck und wollte bei uns was zu essen haben.
Wegen der Typhuskranken ist sie denn bei uns geblieben. Sie hatte im 1. Weltkrieg Typhuskranke gepflegt. Da kam denn so ein bisschen Ordnung rein, nich.
Da hat sie Stefans Stube desinfiziert, und da kamen alle Kranken rein – sozusagen auf Isolierstation. Dann hat sie Fieberkurven geführt und auch gesagt, den Kranken, nur Haferschleim zu essen geben, das wäre besser. Und danach wieder anfangen mit ein bisschen Kartoffelbrei und Buttermilch oder etwas Gemüsesuppe. Also, die hat das denn alles in die Hand genommen, sozusagen.

So viele Särge

Typhus ist ja so eine Krankheit, da wirst du gar nicht merken, dass du stirbst – durch dies hohe Fieber. Du bist ja immer gar nicht richtig bei dir. Da wirst du auch nicht merken, wenn du tot bist. Dann wäre es vorbei gewesen! Ich meine, ich war ja auch so weit.
Und ich muss immer denken, für mich wären vielleicht gar keine Bretter mehr gewesen. Vater hat sie alle gegeben. Was mein Esszimmer werden sollte – die Kirschbaumbretter, die Eichenbretter – Mutter ein Sarg, Dora Nosseck ein Sarg, die alte Frau Hamann ein Sarg, Dora Wittkow ein Sarg, Emma Fricke ein Sarg – die sind alle bei uns im Haus gestorben.

Mein Vater hat für alle gegeben! Ein Ostpreuße hat die Särge gezimmert.
Der kam manchmal gar nicht mehr nach!
Die Leute starben ja wie die Fliegen, weil nüscht da war, kein Arzt, keine Medikamente, kein gar nichts. Da hatten wir manchmal sieben Beerdigungen an einem Tag in Kublitz!

Wittkows

Dora Wittkow war auch an Typhus gestorben, hatte keine Widerstandskraft und wollte wohl auch nicht mehr. Und Frau Wittkow, die tat immer so hart.
Als Dora dann starb, sagte sie:
»Was weint ihr? Lacht doch! Sie hat es geschafft! Das ist ein Tag der Freude! Lacht doch!« Aber Lotte und ich, wir haben sie später einmal auf dem Friedhof gesehen. Da hat sie hemmungslos am Grab ihrer Tochter geschluchzt. Aber hemmungslos – wirklich!
Als sie uns denn bemerkt hat, da konnte man sehen, da ging ein Ruck durch ihren Körper und sie hörte sofort auf damit.
Dem alten Wittkow hat Doras Tod den Rest gegeben!
Das hat er nicht mehr verkraftet und drehte völlig durch. Der litt dann an Verfolgungswahn.
»Warnung! – Entwarnung! – Warnung!«, rief der bei jedem Russen. Denn packte er sein Köfferchen mit den nötigsten Sachen und wollte sich stellen. Und immer hinter den Russen her und wollt sich einsperren lassen. Und die kannten das schon und machten sich denn über ihn lustig! Na, zum Schluss kniete er denn nur noch in seinem Zimmer und hat gesungen:

»Harre meine Seele, harre des Herrn!«
Das hat er immer gesungen.
Und der starb von einem Tag auf den anderen, obwohl er körperlich so nichts hatte. Vielleicht hatte er auch einen Schlag gekriegt, das weiß man ja nicht. Wurde ja nichts untersucht damals.
Die Frau Wittkow blieb nun zurück mit ihrem Hannchen. Und diese Tochter war behindert und hatte einen Wolfsrachen. Sie konnte gar nicht sprechen so richtig. Aber diese Hanna war die Einzige, die sie noch hatte. Ihre Söhne gefallen, ihr Mann und Dora auch tot. Als die dann mit ihrem Hannchen Pommern verlassen musste, sagte sie: »Weißt du, Traute, ich hab schon so viele Deckel zugemacht, jetzt mach ich den auch noch zu!«

Peters Typhus

Lotte und Heidi hatten es wirklich schwer in der Zeit. Tagsüber mussten sie für Kucharski arbeiten und denn noch die Kranken versorgen – Tag und Nacht! Ich hab ja zwei Federbetten die Nacht durchgeschwitzt. Denn gaben sie mir ihr trockenes und deckten sich mit meinem zu. Und sie haben es nicht gekriegt. Sie steckten sich nicht an und Iris auch nicht! Das ist doch eigenartig, nich? Und Peter hatte es doch so schwer erwischt! Der hat immer wollen Mama sehen, und denn von weitem an der Tür so geguckt. Da hat er sich dann doch tatsächlich angesteckt irgendwie.
Sie haben denn sein Kinderbett in das Krankenzimmer gebracht. Ich hätte können schreien!
Das war eng – lauter Betten. Im Liegestuhl, so einem

Holzliegestuhl, hab ich denn neben seinem Kinderbett gelegen, weil nicht mehr Platz war, und immer einen Krückstock dabei, wegen der Ratten. Die knusperten oben auf dem Boden – nachts immer. Die waren mit den Russen gekommen. Wir hatten sonst nie Ratten gehabt! Na ja, jedenfalls immer mit dem Krückstock ans Bett so geklopft – nachts– damit die abhauten.
Ich hatte das Schlimmste schon überstanden und war auf dem Wege der Besserung. Da habe ich gesagt:
»Lieber Gott, also das sag ich Dir, wenn Du Peter sterben lässt, das sag ich Dir, dann bring ich mich um!«
Ich hab nachher noch gedacht: Du spinnst doch!
Hast doch keinen Einfluss auf Gott, ob mit Drohung oder ohne! Aber Peter wurde wieder gesund, und er war doch so schwach gewesen! Er schlief schon mit offenen Augen. Und so abgemagert – seine Pobacken nur noch Haut und Knochen. Er musste erst wieder neu gehen lernen, als er gesund war.

Brigittes Fieberwahn

Naja, und Brigitte – da habe ich noch müssen lachen. Was die alles losgelassen hat in ihrem Fieberwahn!
Mal waren es lauter Schlangen in ihrem Essen. Und sie isst das nicht! Sie isst das nicht! Schwester Lina sagte: »Na, versuchen Sie es mal, Traute! Ich krieg ihr nuscht und gar nuscht rein!«
Und Brigitte denn: »Ich kann das nicht essen, da sind doch lauter Schlangen in dieser Suppe!«
Ich denn gesagt: »Hast ja recht! Hast ja recht! Ich schmeiß jetzt die Schlangen raus. *Die* ist jetzt weg, und *die* ist jetzt weg!« Und hab so gemacht und dann

– dann hat sie gegessen! Ein anderes Mal sagt sie zu mir: »Also weißt du, Traute, lange geht das nicht mehr, dann kommt mein Vater.«
Ich sag: »Dein Vater kann doch nicht kommen, hier zwischen lauter Russen und Polen. Der kommt doch gar nicht durch!«
»Natürlich, der ist doch unsichtbar!«
Ich sag: »Was? Ist dein Vater vielleicht der Zwerg mit der Tarnkappe?«
»Mein Vater ist kein Zwerg!« Da war sie aber empört!
Dann schwitzte sie so und sagte: »Ich hab so eine Hitze in mir, so eine Hitze! Also ich will jetzt auf den Hof unter die Pumpe. Dann zieh ich das Nachthemd aus, und du pumpst immer kaltes Wasser rauf.«
Ich sag: »Mensch, da sind doch die ganzen Pollacken aufm Hof! Die sehen dich doch, wenn du da splitternackt unter der Pumpe stehst!«
»Na, dann hältst du eben einen Regenschirm über mich, denn können sie mich nicht sehen.«
Also die hat Dinger losgelassen. Ich hab noch müssen lachen! Ihre Mutter saß immer an ihrem Bett und hat gebetet – die Emma Fricke. Sie wurde dann selber krank und kriegte Kopftyphus. Kopftyphus ist ja so, da kannst du denn nicht mehr richtig sprechen, nich.
Zum Schluss hat Frau Fricke immer gesagt: »Raatze, raatze!« Da hat sie mit gemeint, sie wollte ihr schwarzes Kleid anhaben, wenn sie tot ist.
Sie starb dann ganz schnell. Wir haben immer gesagt, sie ist für ihre Tochter gestorben. Sie wollte das so!
Nach ihrem Tod ist Brigitte denn wieder gesund geworden. Aber sie hatte Läuse, so was habe ich noch nicht gesehen! Da waren richtige Läusenester in ihren

langen Zöpfen. Sie hätte doch müssen verrückt werden. Aber in ihrem Fieberwahn hat sie gar nicht mitgekriegt, dass die sie gebissen haben.
Als Heidi ihr nachher die Läuse herausgekämmt hat, – Heidi hatte eine Gummischürze, so eine schwarze, auf dem Schoß – und da war dieser ganze Schoßvoll eine Laus!
Sie musste Brigitte denn erst die Zöpfe abschneiden, kam sonst gar nicht durch!

8 Kurcharski

Kucharski

Nach Mutters Tod fing Kucharski an, Platz zu schaffen für seine Familie. Denn schmiss er die Frau Bolz mit ihren zwei Söhnen raus. Die zogen denn ins Strehlowhaus. Also die mussten raus. Und der alte Hamann, nachdem seine Frau an Typhus gestorben war, der musste raus – durfte denn im Kuhstall schlafen. Und ich sollte raus! Wie Mutter gesagt hatte: Mich wollte er ins Seuchenhaus stecken!
Und ich, in meinem Fieberwahn, war soweit, ich wollte aus dem Fenster springen. Hab ich gar nicht an Peter gedacht in dem Moment.
Naja jedenfalls, denn durfte ich bleiben und die anderen Kranken auch. Er ließ uns denn drei Zimmer und die Küche bis die Epidemie vorbei war – Mitte / Ende September 1945, denk ich. Danach mussten wir noch ein Zimmer abgeben. Denn zog Irma mit Anita und Bernd auch noch zu uns, weil sie nüscht mehr zu essen hatten. Da wohnten wir zu sieben Erwachsenen und vier Kindern in zwei Zimmern und der Küche. Ich weiß gar nicht, wie wir da alle geschlafen haben.
Und was hatte Kucharski immer zu Vater gesagt? Er wollt mit uns teilen. Anfangs wollte der sich anfreunden, Vertrauen schaffen, was weiß ich. Da hat er Vater erzählt, er wäre selbst in der Partei gewesen und seine Söhne alle in der Hitler-Jugend. Das hat er später bereut, dass er das alles erzählt hat!

Vorsicht Läuse

Nach dem Typhus wurde ich von der Zwangsarbeit befreit. War noch zu schwach!
Nu musste ich die vier Kinder, Anita, Bernd, Peter, Iris und den Vater versorgen. Manchmal kam die Frau Bolz rüber und denn saßen wir auf dem Hof und hatten nüscht zu rauchen – und sie rauchte so gern – da haben wir getrocknete Walnussblätter geraucht in der Pfeife. Schmeckte scheußlich! Ich hab bloß gepustet.
Da kam denn der Eberhard und hat gesagt, ‚Ach, Frau Traute' und wollte so schmusen mit mir.
Da sagt sie:
»Vorsicht! Vorsicht, der Eberhard hat Läuse!«
Wie die sagt, er hat Läuse – mich hat 's gejuckt am Kopf! Und unsere Irma war ja so ein Läusefachmann. Die fand jede Laus! Ich sag zu ihr:
»Irma, du, ich hab Läuse! Ich hab Läuse!« Da hat sie gesucht und gesucht, sagt sie: »Du hast keine!«
Dann hat sie doch zwei gefunden. Das waren meine einzigen zwei Läuse!

Borscht

Anfangs hat Lotte immer für Kucharski gekocht. War auch soweit alles gut. Hat ihm immer geschmeckt. Aber wie seine Frau kam, wurde das denn unerträglich. Da hat er Lotte so angeschnauzt manchmal, die polnischen Gerichte, Borscht oder was, wären nicht richtig gekocht und so.
Die Kucharski-Sippschaft saß denn bei uns im Esszimmer und ließ sich von uns bedienen. Und denn

schüttete die Frau einen Topf Pellkartoffeln auf den Küchentisch. Da! Das war denn für uns!
Da sollten wir dann essen in der Küche, und sie saßen in unserem Esszimmer! Da kriegst du so einen Hass!
Lotte konnte das nicht mehr aushalten.
Denn hat Anna Boll für Kucharskis den Haushalt gemacht. Und Lotte hat sich zur Arbeit gemeldet beim polnischen Sekretär.
Sie ist denn mal eingeteilt worden bei einem Bauern.
Da hat sie zufällig gesehen, wie der Alte am Essen herum meckert und denn in seinen Teller rein spuckt.
Später hat die Frau vom Bauern Lotte denn gefragt, ob sie nicht einen Teller Suppe essen wollt.
»Nee«, hat Lotte gesagt, »ich bin schon satt!«, obwohl sie noch nichts gegessen hatte.

Herr Volksdeutscher

Nach dem Typhus kam die Krätze.
Ich kriegte sie auch. Da klauten wir dem Kucharski seinen hochprozentigen Schnaps. Brauchten wir als Medizin zum Auswaschen der Geschwüre.
Naja jedenfalls, ich bin gerade in der Waschküche, wo Kucharski so eine kleine Schnapsbrennerei eingerichtet hatte, da kommt er rein. Ich hatte so nichts in der Hand, zum Glück. Er konnte mir nüscht beweisen.
Sagt er: »Na, Traute, wie fühlt man sich denn so als Besiegte?« Ich sag: »Sie – haben Sie mich besiegt? Die Polen sind doch noch mit Pferde auf die Panzer los. So blöd waren die! Und Polen war doch in achtzehn Tagen erledigt! Sie haben sich doch bloß hinten rangehängt, Herr Volksdeutscher!«

»Dein Hochmut! Dein Hochmut! Dir lass ich noch mal die Nieren blutig schlagen! Dann vergeht dir dein Hochmut!«, hat er gemeint.
Und der Hass, der Hass! Noch heute hasse ich diesen Menschen! Ich komme nicht dagegen an! Manchmal sag ich: »Lieber Gott, nimm mir diesen Hass!«

Leos Rache

Na jedenfalls kamen jetzt viele Polen zurück nach Kublitz, um sich an den Deutschen zu rächen, die sie schlecht behandelt hatten. Und den Schattauer haben die Polen ja gesucht. Ich glaube, wenn sie den gekriegt hätten, den hätten sie aufgehängt!
Denn kam auch Ehlerts Leo aus Polen zurück. Der kam nur, um sich an Papenfuß zu rächen für einen Streit. Da war es um den Grenzverlauf zwischen Ehlerts und Papenfußs Feld gegangen. Leo kämpfte ja immer für Ehlerts und sagte: »Das Feld verläuft hier!« Und Papenfuß sagte: »Ich werde doch wohl wissen, wo meine Grenze verläuft!«
Na, ein Wort gab das andere und da hat der Papenfuß ihn ‚Du polnisches Schwein' genannt. Und Leo nahm jetzt Rache dafür. Der ließ den Papenfuß zur Miliz bringen, und da haben sie ihn furchtbar verprügelt, immer zwei Mann im Takt, und Leo dabei gesagt: »Du deutsches Schwein! Du deutsches Schwein! Du deutsches Schwein!«
Papenfuß war so zerschlagen, der konnte nicht mehr laufen alleine. Denn kam Leo zu uns. Und Vater sagte: »Na, der wird doch nichts von mir wollen? Ich hab ihm nüscht getan.«

Leo wollte aber nur Grüße von Stefan ausrichten. Von Janinka hat er nix gewusst! Das war denn auch das letzte Mal, dass wir was von Stefan gehört haben.
Ich glaub, da war er schon nicht mehr zusammen mit Janinka.

Drecklaken

Eines Tages verlangte Kucharski von mir, ich soll das Drecklaken von dem alten Hamann aus dem Kuhstall waschen, aber ohne Seife, ohne zu kochen, bloß mit der Hand so. Ich sag: »Das mach ich nicht!«, und hab mich geweigert. Da hat er die Miliz bestellt, und die holen mich ab. Ich nahm Anita, ich nahm Bernd, Peter und Iris. Iris hatte ich auf dem Arm. So marschierte ich los – mit vier Kindern hin zur Miliz!
Da fragte der Oberste da – der hatte so eine Peitsche in der Hand, so eine Gerte, und damit haute er immer auf den Tisch – warum ich denn mit den Kindern komm? Ich sag: »Ich muss sie versorgen! Und wo soll ich sie lassen – vier Kinder?«
Na, ich musste sie zurückbringen – wieder einer von der Miliz dabei – und denn wiederkommen. Nu war aber der Oberste nicht da, wie ich zurückkam. Jedenfalls sagten die anderen zu mir, ich sollte solange in den Keller gehen! Ich dachte, ich sollte eingesperrt werden. Ich sag: »Was? Was soll ich im Keller? In diesen dreckigen, alten Keller?«
Bloß mit Besen – zeigten sie denn so. Na, da hab ich gefegt. Denn war ich fertig und sag: »Na, und jetzt?«
Ja, ich sollte im Garten jäten!
– Ach, die Mohrrüben so hoch im Kraut! – Hab ich

erst noch Johannisbeeren gegessen und was da war.
Also ich hab gejätet und dann gesagt zu denen – das waren zwei junge Kerle, die so aufpassen sollten auf mich – ich sag: »Ihr könnt jetzt mal das Kraut hier wegtragen. Dahinten hin, wo es hingehört!«
Da sind die marschiert mit dem Kraut. Die hatte ich denn angestellt, nich!
Dann musste ich rein, da war der Oberste wieder da.
Fragen, Fragen, Fragen!
Denn hat er gesagt, ich brauche die Wäsche nicht zu waschen!

Heim ins Himmelreich

Aber nu kommt der Fehler, den ich gemacht habe!
Ich hatte es so satt zu Hause! Alles voll Polen, Kucharskis ganze Sippschaft: Da waren seine Söhne, Firmin, Janosch, Georg und Heinrich, seine Frau, die Muchas, das war seine Schwester und Mann, und noch ein Neffe, der Toni. Ich sag: »Ich bleib jetzt nicht mehr bei den Kindern. Das kann jetzt mal Heidi oder sonst wer machen! Ich geh jetzt auch zur Arbeit.«
Ich also hin, melde mich zur Arbeit – ich Idiotin! Kucharski war da! Der musste das wohl spitzgekriegt haben, er zeigt auf mich: »Die will ich!« Und da stand ich da! Naja, jedenfalls musste ich die Wäsche waschen, da biss die Maus keinen Faden von ab.
Heidi ist los und hat Seife und Waschpulver gekauft und nu musste ich waschen. Ich die Wäsche rein in den Kessel und gekocht. Dann ist die Alte, Kucharskis Frau, gekommen und auf Polnisch, immer gib ihm feste, nich. Ich gab ihr denn immer bloß schnippische

Antworten: »Hauen Sie ab! Die Wäsche wasch ich, egal wie! Das geht Sie nüscht an, aber ich wasch sie!« Dann hat sie den Alten aufgehetzt. Denn ist Kucharski gekommen. Und der hat sich aufgeregt und mich zur Schnecke gemacht, also so richtig zur Schnecke gemacht. Sagt er: »Du willst immer heim ins Reich! Dich werd ich befördern! Du kommst heim ins Reich! Aber ins Himmelreich! Dann sind wir dich endlich los!« Und so ging das immer, ich konnte nicht mehr!
Ich bin vor dem Kerl aber nicht weich geworden. Ich sag zu ihm: »Sie, Sie sind doch ein richtiges Schwein! Sie waren bei den Nazis, Ihre Söhne bei der Hitler-Jugend, und jetzt wollen Sie uns hier schinden? Sie sollten sich was schämen!«
Denn bin ich aber hoch gelaufen, und da war es dann aus. Da hab ich denn geheult – vor lauter Wut! Das war Vater denn doch zu viel! Er ist runter und hat gesagt: »Kucharski, komm mal mit in die Scheune!« – Der hat den angebrüllt! Von dem hat kein Hund mehr ein Stück Brot gegessen! Was er im Einzelnen gesagt hat, weiß ich nicht. Aber getobt hat er, dass man es wer weiß wie weit gehört hat! Naja, da haben sie mich in Ruhe gelassen. Ich hab die Wäsche gewaschen. Hab noch gedacht: Na, jetzt wird sie kontrollieren kommen! Aber sie kam nicht!

Dann Nosseck auch krank

Die Nossecks, die waren dicke mit Kucharski.
Denn hab ich mir von unserem Spalierobst Äpfel abgepflückt. Am nächsten Tag war alles abgeerntet. Da waren keine mehr dran.

Und die alte Nossecksch kommt mit einem ganzen Korb voll Äpfel. Denn sagt sie:
»Ich hab hier Äpfel, aber Sie kriegen keine!«
Ich sag: »Wer sagt Ihnen denn, dass ich welche will?«
Ein andermal – Kucharski war krank – kommt der Nosseck und fragt die Frau:
»Wie geht es denn dem Pan Kucharski?«
»Nix gut! Krank, nix gut!«
Da sagt doch der Nosseck – hab ich selbst gehört, sagt er: »Wenn Chef krank – dann Nosseck auch krank!«
Und ich spuck vor ihm aus und sag:
»Pfui, Deuwel! Wie kann man bloß so kriechen?«
Ich hab den Kucharski ja beklaut, wo ich konnte. Hab ich gar nicht als Stehlen angeguckt.
Muss man sich mal vorstellen, das gehört einem alles, und man kann nüscht mehr kriegen! Man darf nicht in den Kuhstall gehen und sich einen Liter Milch für die Kinder holen. Man kann keine Äpfel, man kann kein Gemüse, unser Gemüsegarten zugeschlossen und fertig. Wir konnten nicht mehr rein!
Wir durften kein Korn nehmen, nichts! Das Licht haben sie uns abgeschnitten!
Wir mussten sehen, wie wir klarkamen. Kann man sich gar nicht vorstellen, wie Menschen so sein können! Was hatte Kucharski meinem Vater vorher alles versprochen? Er wird teilen. Naja!
Der hat unsere Pferde verkauft, teure Pferde mit Elchschaufel eingebrannt – ostpreußische!
Mit Teilen war nüscht!
Wir mussten sehen, wie wir was kriegten!

Rosenkohl

Nein, also das ist furchtbar!
Du stehst auf am Morgen und denkst, was mach ich jetzt, wo krieg ich was zu essen her?
Die anderen mussten alle aufs Amt zum Sekretär, die mussten sich melden, die mussten schuften.
Die brachten auch manchmal was nach Hause, haben auch geklaut, wo sie konnten. Wie sie in Veddin waren, dem Nachbardorf, haben sie Zuckerrüben geklaut und dann noch ein ganzes Feld Rosenkohl beklaut, und ich musste nu hin, die abholen mit dem Bollerwagen, aber heimlich, abends dann. Denn bin ich los im Dunkeln – ganz allein – und dann die Straße lang. Und als ich bei Kiaus vorbei bin, da waren Polen. Die waren besoffen und haben da herum gejohlt, und ich hab gedacht: Mein Gott, hoffentlich kommen die jetzt nicht hier hin! Und ich steht da mit meinem Wagen! Der hat ja auch geklappert, nich.
Da hab ich denn abgewartet und bin dann ganz leise wieder losgezogen, weiter die Straße lang. Aber die anderen kamen und kamen nicht, und da hab ich gedacht: Jetzt bin ich doch bald da, und die müssten doch schon längst unterwegs sein und auf mich zukommen! Und ich hab die nicht gehört und nicht gesehen. Ach Gott, ich hab Ängste ausgestanden!
Und mit einmal kamen sie denn an und schnatterten rum: »Du, wir haben so viel Rosenkohl! So viel Rosenkohl!«
Natürlich war man froh!
Man hat zwar nicht viel Butter oder was ran machen können, aber das schmeckte auch so mit Salz, so ein

guter Rosenkohl!
Und dann hatten wir Kartoffeln. Und dann hatten wir Rüben. Alles hatten wir geklaut und gesammelt.
Wir waren denn nachher gut eingewintert.

Kornklau

Ich war ja schon frech beim Klauen! Blieb mir ja auch weiter nüscht übrig. Man wollte doch essen!
Jedenfalls, Anna Boll hat Kucharski beim Dreschen helfen müssen. Sagt sie zu mir: »Du, ich hab da unterm Holz einen Sack Korn hin. Nu sieh zu, wie du den hoch kriegst!« Da hab ich gesagt: »Das Beste ist, ich geh in der Mittagszeit.«
Lotte war am Bodenfenster und hat mich beobachtet. Da hatte ich so eine richtig große Sackschürze, wie man sie in Pommern beim Kartoffelhacken hatte, die hab ich mir denn umgebunden. Hab unten in diese Schürze den Sack und oben rauf hab ich mir paar Holzstücke gelegt. Dann bin ich so stramm an dieser Kucharski-Gesellschaft vorbeigegangen, und oben am Fenster hat Lotte die Luft angehalten und immer so Grimassen geschnitten. Nichts ist passiert!
Wenn ich das im Dunkeln gemacht hätte? Das wäre doch aufgefallen! Damit rechnet doch keiner, dass, wenn man da mittags vorbeigeht, die Schürze voller Korn ist! Genau wie bei Heidi mit der Wäsche. Da haben wir denn Wäsche aufgehängt, Heidi und ich. Und da war, wo sonst immer das Heu war, Korn gespeichert. Das hatten Kucharskis jetzt alles für sich beansprucht. Heidi hat einen Sack genäht aus zwei Handtüchern. So, und jetzt gehen wir Wäsche holen. Den

Sack voll Korn gemacht und ein Stück Wäsche drüber.
– Am hellerlichten Tag gingen wir damit über den Hof an den Polen vorbei. Das hatten die doch nicht vermutet, dass wir so frech waren!
Das Korn brachten wir dann zu Onkel Emil von der Mühle. Da war der russische Kommandant einquartiert. Onkel Emil sagte: »Mädchen, bringt mir Korn, egal wie viel, dann kann ich vor dem Russen sagen, die Leute haben mir Korn gebracht, jetzt kriegen sie Mehl.«
Anna Boll hat für Kucharski auch Brot backen müssen. Da hat sie immer für mich ein Brot abgezapft. Anna sagte denn: »Ich hab da unten im Keller Brotteig zu liegen, sieh zu, dass du das hoch kriegst!«
Denn bin ich mit einem Eimer hin, hab den Teig in einen kleinen Sack, zugebunden, und denn oben rauf Kohlengrus. Denn bin ich damit trepphoch aus dem Keller nach oben, hab den Kohlengrus abgeschüttet, den Sack rausgenommen und den Teig schön geformt, in den Kachelofen geschoben und gebacken. Da hatte ich manchmal drei Brote drin zu liegen.
Die Anna hat mir auch immer Sahne gegeben, wenn sie zur Molkerei musste, immer für uns einen Liter abgegossen. Denn sagt sie: »Jetzt kannste buttern!«
Ich hab selber gebuttert. Das wusste der Kucharski auch nicht. Wir hatten eine Milchkanne. Da hat mir der Wilhelm Rahn einen Holzdeckel rauf gemacht mit so einem Butterstampfer. Da stellte ich die Kanne aufs Chaiselongue, damit es unten nicht bumste, wenn ich butterte. Und dann hatten wir Butter. Wenn auch nicht viel, aber es war Butter!
Ich weiß nicht, es ging doch auf Weihnachten zu, und

wir hatten doch nichts mehr! Für jedes Kind eine Puppe gebastelt mit Schafwollhaare und so, dass wenigstens bisschen war. Denn das Mehl von Onkel Emil gekriegt, und ein paar Plätzchen gebacken, dass wenigstens die Kinder etwas zu Weihnachten haben sollten.
Die Kucharskis haben auch Weihnachten gefeiert, sicher! Haben sie! Aber anders wie wir!
Die hatten ja alles, nich!
Die lebten doch wie Gott in Frankreich!

Firmin

Bloß, wie ihr Sohn, der Firmin, an den Baum gefahren ist, da hat die Alte gemerkt, dass sie nicht Gott im Himmel selber war, glaub ich!
Aber jedenfalls, das war ja auch komisch:
Der Firmin wollte dem Fischer sein Motorrad abkaufen. Und Fischer sagt: »Das Motorrad ist repariert. Ja. Aber da hat sich schon mal einer mit dot jefahren!«
Sagt Firmin: »Egal, ich mach mal eine Probefahrt!«
Er ist aus dem Ort raus. Bei unserer Wiese da hat er gewendet und ist direkt auf den Baum! Da war kein Auto, da war überhaupt nichts auf der Straße – direkt auf den Baum und tot! Der war achtzehn Jahre!
Also ich mein, das war eigentlich ein netter Junge. War der älteste. Der hat uns noch gegen seine Eltern geholfen. Denn hat er durch die Wand ein Loch gebohrt. Da gab er uns Strom aus seiner Steckdose.
Den Stecker noch abgeschraubt, dass man die Schnur durch kriegte und denn zu uns ins Zimmer gelegt.
Da hatte man Licht! Ich hab das denn verdunkelt alles so, dass Kucharski und die anderen nichts sahen.

Und hab sogar gebügelt – tagsüber.
Und denn hat er – Lotte hatte am 15. Januar Geburtstag – da hat er der Alten zwei Würste geklaut und ins Bett gelegt, wo ich mit den Kindern schlief. Ich deck auf – liegen zwei Würste drin!
Hat er immer gesagt, seine Mutter wäre nicht schlecht, aber sie wäre halt ein bisschen so – engstirnig.
Der sprach auch fließend Deutsch, genau wie alle anderen, außer der Mutter. Die konnte nur Polnisch.
Als Firmin beerdigt wurde, denn kam mit einmal raus, dass er immer noch Deutscher war.
Da war einer, der nannte sich Professor. Der war im Papenfußhaus und ging immer im Schlafanzug herum, so ging der sogar zur Beerdigung von Firmin! Aber er nannte sich Professor! Jedenfalls, der erzählte uns, dass der Firmin ja eigentlich gar nicht dieses Begräbnis hätte haben dürfen, weil er ja noch ein Deutscher ist. Und der Kucharski ist ja auch noch deutsch. Das sind gar keine richtigen Polen! Nur Kucharskis Frau ist eine echte Polin. Damit hab ich denn Kucharski immer unter Druck gesetzt. Ich hab gesagt:
»Sie können schon mal Ihre sieben Sachen packen! Vater will für Polen optieren, denn fliegen Sie raus!«
So hab ich ihn verunsichert, wenn Vater das auch nie gemacht hätte!
Die Hälfte von diesen Polen, die da kamen, denk ich immer, das waren Volksdeutsche. Die sprachen fließend Deutsch. War gar kein Unterschied.
Sicher, sie hatten einen schlesischen Dialekt, aber sonst nicht anders wie wir! Ich mein immer, wenn man sich dies überlegt, das waren Deutsche, haben alles genossen, was Hitler so bot vor dem Krieg. Dann

kommen sie und führen sich auf, schlimmer wie die echten Polen!
Die haben doch alle einen Wendemantel, den hängen sie immer nach dem Wind. Wenn Deutschland obenauf ist, sind sie Deutsche und wenn nicht, dann sind sie Polen. Naja!
Es gab aber auch viele Polen, die nicht mehr in ihre Heimat zurückkonnten, weil da der Russe jetzt war. Bei einer Familie Adamski da hat Heidi immer gearbeitet. Die waren auch unglücklich, dass sie ihre Heimat verloren hatten. Die waren umgesiedelt worden und hatten jetzt Rahns Wohnung. Aber sie waren anständig und haben Heidi öfter Essen mitgegeben, was sie so übrig hatten.

Pistole 08

Die Miliz hat mal bei Kucharski kontrolliert. Deshalb, glaube ich ja, der hatte wohl auch Dreck am Stecken. Jedenfalls hat Kucharski Vater erzählt:
»Die Miliz war da, und die haben was gesucht.«
Sagt Vater, was die denn wohl bei ihm suchen könnten? ‚Ja, er weiß auch nicht', tat er so. Aber der hat sicher gewusst, was die wollten.
Und da hat er gesagt: »Gott sei Dank, haben Sie nicht in den Nachttisch geguckt. Denn da hatte ich die Pistole zu liegen. Eine 08!«
Denn hab ich zu Vater gesagt, wie er mir dies erzählt hat: »Glaub ja nicht, dass Kucharski gesagt hätte, das wäre seine! Denn hätte er bestimmt gesagt, die gehört mir nicht, die gehört dem Deutschen!«
Die 08 ist ja eine deutsche Pistole!

Wie Irma und ich mal Eiersuchen gegangen sind – die Hühner haben es so an sich, die gehen nicht immer in den Stall. Wenn die ein weiches Polster irgendwo finden, legen die auch mal woanders – also wir gingen suchen, ob nicht irgendwo ein Huhn *verlegt* hat, sagten wir immer. Da war neben dem Geräteschuppen ein Fach mit Stroh – haben wir noch zwei Eier sogar gefunden, glaub ich – da konnte man so durch die Bretterwand in den Schuppen gucken – waren so breite Schlitze zwischen den Brettern. Da haben wir reingeguckt. und ich sag zu Irma: »Komm mal her, siehst du auch, was ich sehe, was da liegt?«
Sagt sie: »Mensch, das ist doch eine Pistole!«
Und ich sag: »Und das ist dem Kucharski seine 08! Die hat er jetzt da versteckt, und die müssen wir holen! Wenn nämlich die da gefunden wird, dann ist unser Vater dran!«
Kucharski hätte doch nie gesagt, dass es seine ist!
Ich hab gesagt: »Irma, wart! Ich hol erst Handschuhe! Man kann nicht wissen, wenn du die anfasst, dass sie noch unsere Fingerabdrücke haben!«
Naja, jedenfalls hab ich denn Handschuhe geholt wegen der Fingerabdrücke! Irma hat die Pistole mit einem Stock so her gehangelt, und ich hab sie denn durch den Schlitz gezogen. Im Verstecken da war Irma immer groß. Die wusste genau, im Heuboden waren zwei Böden, der eine war kaputt, und da haben sie einen neuen obendrauf gemacht früher. Das konnten die Polen gar nicht wissen. Dazwischen haben wir die Pistole rein geschoben. Die Pistole hat der Kucharski nicht gefunden! Bestimmt nie! Da hätte er die Scheune abreißen müssen! Also das ging denn so ein paar

Tage, dann muss Kucharski das bemerkt haben, dass die Pistole weg war. Dann ging es los!
Dann sagte er: »Also, das kann nur die Traute gewesen sein!« Hat Heidi gesagt: »Ich weiß davon nichts!« Er hat sich Heidi vorgeknöpft. Und Heidi hat immer gesagt: »Nee, das glaub ich nicht, das stimmt nicht. Sonst wüsste ich was!«
Hat er gesagt: »Ich könnt sie ja zur Miliz schaffen. Ich könnt ihr die Nieren blutig schlagen lassen!«– damit hat er es immer gehabt: Nieren blutig schlagen – »dann würde sie es schon sagen, dass sie die hat!«
Nee, das konnte er eben nicht! Er konnte ja nicht sagen, die hat mir meine Pistole geklaut. Hat er ja selber gesagt, dass er die nicht haben durfte. Und dann kam er noch zu mir – ich war oben in Stefans Stube – sagt er zu mir: »Hör mal zu! Meine Pistole ist verschwunden, und ich weiß genau, du hast sie!«
Ich sag: »Na, denn sagen Sie doch, wo! Beweisen Sie das doch, wenn Sie genau wissen, dass ich sie hab! Ich *hab* sie nicht! Was sollt ich mit Ihrer Pistole?«
Da fing er an: Erst im Guten – er wollte mir alles geben, zu essen und zu trinken, und was weiß ich alles. Jedenfalls, es war verlockend, Fleisch und Wurst und so, dass ich ihm die Pistole wiedergab. Aber hätte ich sie ihm wiedergegeben, hätte er mir vielleicht gar nüscht gegeben!
Jedenfalls hab ich denn zu ihm gesagt:
»Das tut mir leid, ich hab die Pistole nicht!«
Dann ist er wieder aufgefahren mit seinem ‚Nierenblutigschlagen'! Hab ich wieder zu ihm gesagt:
»Ich hab aber Ihre Pistole nicht. Und wenn ich sie nicht hab, da kann ich doch nicht sagen, ich hab sie.

Ich würde Ihnen doch mit Freuden Ihre Pistole wiedergeben, wenn Sie mir das geben, was Sie mir alles hier aufzählen!«

Im Nachttopf

Den Tag später hab ich zufällig aus dem Fenster rausgeguckt zum Hof und sehe, wie Kucharski mit zwei Russen verhandelt. Dann kam er mit denen rein ins Haus. Da hab ich gesagt: »Lotte, komm schnell! Kucharski hat zwei Russen, die bringt er hier rein! Die sollen uns bestimmt suchen!«
Wir beide sind hoch in unser Versteck und waren dann verschwunden. Das Versteck war über der Räucherkammer. Das hatte auch Irma raus gefunden! Das kannte sonst keiner. Da war hinten neben der Räucherkammer ein Loch in der Decke. Da stand Großmutters Schrank vor, der hatte dann so Sprossen, da hatte man einen Halt, und zack, war man oben unterm Giebel vom Dach. Wir waren ja gelenkig!
Das ging ruckzuck!
Da unterm Dach war es total dunkel, und konnte man nur kriechen, aber man war in Sicherheit. Und da haben die gesucht und haben gesucht! Alles haben sie abgesucht! Und haben uns *nicht* gefunden!
Da kam der Toni, der Sohn der Muchas, Kucharskis Verwandtschaft, der kam ja immer so schleichen und dann so erzählen, so aushorchen und so. Hat er gesagt zu Lotte: »Ich hab Sie ja nicht verpetzt! Nein, ich hab Sie nicht verraten! « Hat Lotte gesagt:
»Nee, hast du das nicht gemacht?«
Sagt er: »Nee! Und ich hab genau gewusst, wo Sie

waren!«
Sagt Lotte: »Na, wo war ich denn?«
»Na, Sie lagen da unterm Chaiselongue!«
Da hat Lotte gesagt: »Ja, du hast recht, Toni! Da ist auch ein Nachttopf unter. Da saß ich drin!«

Steffi

Dann lernte ich dies polnische Mädchen kennen, die Steffi. Steffi war ein – wirklich – ein Pfundsmädchen! Man verkaufte ja alles, was man noch hatte und entbehren konnte, um wenigstens bisschen polnisches Geld zu kriegen. Hast ja nüscht mehr gekriegt fürs deutsche Geld. War nüscht mehr wert! Musstest alles mit Zloty bezahlen!
Steffi zog über die Dörfer und kaufte auf. Kucharski ließ aber keinen rein, dass wir nix verkaufen sollten. Wollte er wohl alles behalten.
Steffi sprach mich auf der Straße an, und wir haben uns auf Anhieb verstanden. Sie zahlte reelle Preise, und ich war ihr behilflich zu wissen, wer noch was hatte und verkaufen wollte. Mit ihr brauchte ich nicht handeln. Sie hat einen nicht über den Bart barbiert, wie man so sagt. Sie war anständig.
Steffi, auch deutsch sprechend, sagte zu mir: »Trautscha, du musst nicht alles glauben, was erzählt wird. Ich sag dir die Wahrheit! Ich war bei einem Kapitän, einem deutschen. Ich bin behandelt worden nicht wie als Dienstmädchen, sondern wie die Haustochter. Gar nicht anders. Wie ihr Kind! Es ist nicht alles so, wie es gesagt wird!« Und sollt ich nicht glauben!
Aber sie kam nur so alle vierzehn Tage nach Kublitz.

Ich ging denn auch noch zu anderen. Also ich wusste gar nicht, dass ich so gut handeln konnte! Ich bin ja auch da hart geblieben, wenn die dann nicht das zahlen wollten, was ich forderte – und das war wenig genug – denn hab ich gesagt: »Also gut, dann verkauf ich woanders.« Dann bin ich zur Tür, da haben sie gesagt: »Nein, kommen Sie, kommen Sie!« Und so hab ich sie hoch gehandelt. Vater hat zu mir gesagt: »Du wirst noch der reinste Jud!«
Vater ist aber reingefallen. Der hatte noch paar Goldstücke vom Kaiserreich her, so Zwanzig-Mark-Stücke. Da kam er ganz stolz und sagt: »Komm, Traute, ich hab Dir hier dreitausend Zloty!«
Sag ich: »Gott sei Dank, jetzt können wir wieder einkaufen und so!« Ich mein, ich kaufte immer bescheiden ein, was unbedingt notwendig war, das hab ich denn gekauft. Sonst gab es bei mir immer Kartoffelsuppe und Suppkartoffel, Kartoffelsuppe und Suppkartoffel, und wenn es ganz groß kam, hab ich eine Tomate da rein gemacht. Jeder zwei Schnitten am Tag, wenn man Glück hatte. Und wenn ich denn ganz spendabel war, hab ich für sonntags mal einen Pudding gekocht! Ich sag zu Vater: »Du musst das Goldstück nicht einfach so hergeben. Du musst handeln!«
Da sagt er: »Aber dreitausend Zloty sind doch schon ganz schön.« Sag ich: »Ja, aber überlege doch mal, für vierhundert Zloty kriegst du bloß ein Pfund Butter.«
Aber das war natürlich schön, wenn man wieder Geld hatte, nich. Trotzdem hätte Vater noch warten sollen, denn nachher kam einer, der hat Vater sechstausend Zloty für die gleiche Goldmünze gegeben.
Das war bloß, weil Vater gehandelt hat!

Die Warschauer Damen

Nu hatte ich ja von der Handelei bisschen Geld – polnisches – denn ging ich einkaufen zu den ‚Zwei Warschauer Damen', sagten wir immer. Sie hatten das Geschäft von Kienitz übernommen. Die Tochter war ein Bild von einem Mädchen – bildhübsch! Sie glich in gar keiner Weise ihrer Mutter, aber gut waren sie beide. Wenn ich jetzt einkaufen ging, die Kinder mit, denn haben die anderen Polen gesagt:
»Die Deutsche darf nicht vor! Die soll warten, bis wir fertig sind!« Und dann haben die Warschauer Damen gesagt: »Kommt gar nicht in Frage! Das geht der Reihe nach. Sie hat das gleiche Recht wie alle!«
Haben sie keinen Unterschied gemacht!
Manchmal hat die Mutter auch paar Bonbons ausgegeben. Oder ich hab abgezwackt, hab ich auch paar gekauft, aber wenig! Man kann wirklich nicht behaupten, dass es viele waren!

Bonbons

Der Heinrich, Kucharskis Sohn, der erinnert sich bestimmt noch an mich. Ich war nämlich die Schlimmste! Die andern waren ja nicht da, die mussten immer zur Arbeit. Ich musste mich ja wehren. Ist doch so. Ich musste mich doch wehren!
Der Heinrich war ja auch so ein Aas, drehte Peter immer den Arm um: »Hol mir ein Bonbon!« Jedenfalls musste Peter denn ein Bonbon holen, denn ließ er den Arm wieder los, der Heinrich.
Dann sehe ich mal, wie er Peter zwischen hatte. Arm

so auf den Rücken gedreht. Ich hin! Heinrich lutscht ein Bonbon und Peter hatte auch eins im Mund. Ich sag: »Wo kommen die Bonbons her?«
Da wollte Peter gerade erzählen: »Der Heinrich ...«
Denn sagt der: »Nein, nein, ich war es nicht.«
Denn sag ich zu ihm: »Du hast Peter dazu gezwungen, dir Bonbons zu holen. Wart nur! Ich verdresche dich nach Strich und Faden, dass du nicht mehr sitzen kannst! Du kennst mich! Denk nicht, ich hab Angst vor deinem Vater!«
Nein, nein, er war 's nicht, hat er immer gesagt.
Ich sag: »Du, ich hab es genau gesehen. Noch einmal und ich werde dich verhauen, dass dir Hören und Sehen vergeht! Denk nicht, du brauchst keine Angst vor mir zu haben! Du kriegst!«
Denn hab ich Peter gefragt: »Na, wo hast du denn die Bonbons raus genommen?«
Denn sagt er: »Bei Iris aus der Tasche!«
Wir hatten für beide jedem paar Bonbons in die Tasche. So Umhängetäschchen, selbstgemachte.
Ich guck in die Tasche. Da war bloß noch eine Pfefferminzstange drin. Die Bonbons waren alle weg!
Ich dachte: Mein Gott, das darf der nicht machen! Der muss ein ordentlicher Jung werden!
Na, da hab ich Peter verdroschen, weil er so schoflig war und die Bonbons von Iris geklaut hatte. Ich dachte, ich müsste ihn erziehen. Also das tut mir heute noch leid, dass ich ihn so verhauen hab!
Da hab ich gesagt: »So, jetzt nimmst du deine Bonbons und tust sie bei Iris in die Tasche. Und du kriegst keine mehr!« Denn hab ich Peter in die Räucherkammer gesetzt und hab gesagt: »Du rührst dich nicht da

raus, das sag ich dir, bis ich wiederkomme!«
Da saß er in dieser dunklen Kammer auf einem Fußbänkchen. Denn ist Heidi hin, hat sie gesagt:
»Jetzt ist aber Schluss, komm raus, Peter!«
»Nein, nein, ich muss hier sitzen bleiben, bis Mama kommt!« Er ging nicht.
Ich war doch wohl ein bisschen hohlköpfig, ich meinte, ich müsste ihn erziehen. Er war ja noch ein kleines Kind, erst fünf Jahre. Also das tut mir heute noch leid.
Da kann man mal sehen, wie blöd man sein kann!
Aber der Heinrich, der machte einen Bogen um mich, wenn er mich sah. Der dachte immer noch an die Dresche, die ich ihm angedroht hatte. Der wusste genau, ich könnte das ausführen!
Also der hat Peter nicht mehr angerührt!

Ich will da weg

Denn sagte Kucharski: »Das geschieht den Deutschen hier ganz recht! Die Deutschen haben so viele Polen umgebracht!«
Und ich sag: »Nicht genug! Nicht genug! Hier laufen noch so viele rum, die haben sie alle vergessen!«
Ja, so hab ich gesagt. War hart, nich? Aber, so hab ich mich gewehrt. Ich konnte das alles nicht mehr ertragen! Denn hab ich immer bloß gedacht: Ich will da weg! Ich will das nicht mehr aushalten müssen!
Die Polen wollten die Deutschen nu ja nicht mehr raus lassen, weil sie gemerkt hatten, dass sie als Arbeitskräfte gut zu gebrauchen waren. Und Kucharski wollte uns schon gar nicht gehen lassen!
Er wollte uns kleinkriegen – besonders Lotte und

mich, die beiden Störenfriede – er wollte uns zum Wiederaufbau nach Warschau schicken!
Lotte und mich!
Soweit waren wir ja schon, wenn nicht die Russen dazwischen gekommen wären!
Lotte und ich, wir glaubten das ja gar nicht.
Es war auf dem Kornspeicher. Wir haben Wäsche aufgehängt, und Vater sprach mit Kucharski. Da fing er damit an. Sagt er: »Deine Madeln, die kommen weg! Die kommen nach Warschau, heute noch!«
Wir fingen an zu lachen. Da sagt er: »Du wirst dich wundern, Lotte! Du willst immer mit dem Kopf durch die Wand! Diesmal nicht! Du wirst dich wundern!«
Und Lotte sagt: »Na ja, vielleicht ist die Wand aber wieder nicht so stark wie mein Kopf!«
Da sagt er: »Siehste, deine Madeln – (er sagte immer Madeln) – deine Madeln, so sind sie, hochmütig, sie nehmen mir keinen Gruß ab! Sie sagen meiner Frau keinen Gruß! Die werden sich noch umgucken, deine Madeln!«
Was sollte ich die Frau auch grüßen, wie die immer zu mir war? Die hat doch nüscht anderes zu mir gesagt, als Schimpfworte ‚psiakref Pierronna' oder so was!
Naja, die wusste sowieso, dass ich viel Polnisch verstand, nich.
Aber jedenfalls, wir kamen nicht nach Warschau! Dies hatten wir nu aber bloß dem Umstand zu verdanken, dass Russen und Polen sich nicht riechen können!
Wir waren ja schon abgeführt worden zu dem Lastwagen! Und da waren schon Leute drauf! Da ist denn einer hin zum russischen Kommandanten bei Onkel Emil in der Mühle. Der kam, und dann ist es losge-

gangen: Der hat getobt und den Polen dies untersagt! Da durften wir alle wieder runter vom Wagen und nach Haus gehen!
Und wir waren mit auf der Liste – Lotte und ich – zum Wiederaufbau nach Warschau!
Das sind so Sachen – na, ich weiß nicht – vielleicht sollte man das vergessen! Aber das sitzt so tief! Das vergisst man nicht! Da hab ich denn zu Steffi gesagt:
»Steffi, was soll ich bloß machen? Wir wollen so gerne weg! Nicht, weil wir die Heimat nu unbedingt wollen verlassen, aber um diesem zu entgehen. Jeden Tag die Strapazen – nervlich. Ich halt das einfach nicht mehr durch!«
Aber natürlich wollten wir nicht in die Ost-Zone unter russische Besatzung. Davon hatten wir doch alle die Nase voll! Vor den Russen hatten wir ja immer noch eine Heidenangst! Da hat Steffi zu mir gesagt:
»Weißt du was, Trautscha, du musst die Polen bestechen! Geh zum Sekretär, der immer die Leute einteilt, und da musst du bestechen. Der Pole ist bestechlich! Jeder Pole ist bestechlich! Da musst du jetzt was bieten, und da kommst du auch raus in die West-Zone!«
Na, da sind wir denn hin zum Sekretär, Lotte und ich! Wir wollten raus!

Der Sekretär

Der polnische Sekretär, das war auch so ein Schwein! Als seine Frau noch nicht da war, hat der alle Mädchen gesucht, die erst vierzehn waren und die sollten bei ihm schlafen. Und da hat er die Brigitte so unter Druck gesetzt – ich weiß nicht – ich hab nichts dazu

gesagt! Man konnte ja nichts dazu sagen. Ihre Mutter war tot und er hat gesagt: »Wenn du nicht bei mir schläfst, wenn du nicht kommst in der Nacht, wirst du nach Warschau geschickt!«
Wir hätten es nicht verhindern können. Sie war ja nicht unser Kind! Jedenfalls hat er sie beordert – dann und dann musste sie kommen. Na, sie ist denn mit Zittern und Zagen gegangen, dies arme Kind!
Na ja, danach hat er gesagt, sie braucht nicht noch mal zu kommen. Sie liegt da wie ein steifes Brett.
Hatte er erwartet, sie würde mit ihm rumtoben und rumjuckeln im Bett, nachdem vielleicht zwanzig Russen, oder wie viele es waren, sie vergewaltigt hatten? Und nachher noch mal der Russe und jetzt wieder dieser Pollack! Na, sollte sie da noch jubeln?
Aber Brigitte hat es uns nicht verziehen, dass wir sie haben gehen lassen, glaub ich!
Na also jedenfalls, diesen Sekretär haben wir denn gefragt wegen der Ausreise in die West-Zone.
Ja, sagt er, er wäre einverstanden, was wir denn so zu bieten hätten. Da hat Lotte gesagt, also, sie hätte einen Kinderpelz, ich hätte einen Dreiviertelpelz – Fohlenfell – Irma einen Staubsauger und Heidi Stiefel von Reinhard.
»Ja gut«, hat er gesagt, »und was hat der Vater und was Brigitte?«
Da hat Lotte zu ihm gesagt: »Also wissen Sie, Herr Sekretär, Vater hat zwei Paar Hosen. Sind beide geflickt, aber Sie können sich die beste aussuchen. Und Brigitte hat ja wohl schon bezahlt!«
Naja, denn kam Vater so mit und Brigitte auch!
Zu mir denn noch gesagt: »Ich weiß genau, du hast

noch einen langen Pelz. (keine Ahnung, woher er das wusste) Ich werde das Gepäck kontrollieren, wenn ihr rausgeht!« Da hatte ich den Pelz schon in ein Sofakissen so schön versteckt. Na, das ließ ich denn da. Hab ich unter dem Dach versteckt. Hab ich gesagt:
»Das soll lieber verrotten, als, wenn der das kriegt!«
Na ja, dann ging 's los! Abmarsch!
Aber beim ersten Mal war gar kein Zug da, und wir mussten alle wieder zurück.

Kucharski tischt auf

Da kriegt Kucharski zu wissen, dass wir raus wollten! Jesses, nee, womit er das denn verdient hat, dass wir weg wollten? Er wollte uns gerne dabehalten – zum Triezen, nich!
Im Oktober 1946 sind wir denn raus!
Einen Abend davor – Kucharski alles hoch geschleppt – Leber und Zeug und wir kriegten wieder Licht, dann durften wir wieder Strom haben, und nun sollten wir uns tüchtig vollessen!
Mein Vater hat gegessen und die Boll auch! Vater sagt zu mir: »Komm doch, Mädchen, komm iss! So eine gute Leber, gebratene Leber und alles!«
Ich sag: »Schämst du dich eigentlich nicht, von dem noch was zu essen? Ich hab bisher von dem nichts gegessen, ich will auch jetzt nichts!«
Na, wir waren doch viel zu stolz! Ich wäre doch lieber verhungert, als was zu essen von dem!

9 Abschied von Kublitz

Abschied

Am anderen Morgen standen wir denn da mit unserem Gepäck. Naja, und denn kamen sie alle noch zur Verabschiedung. Die Frau Fischer, ach Gott, das sehe ich heute noch. Die stand da und hat immer gezittert mit dem Kinn und konnte das gar nicht aufhalten. Und denn sagt sie: »Ich muss jetzt hier zurück bleiben mit alt Tant Ma.« Tant Ma war schon über neunzig.
Die alte Frau Adamski – wo Heidi immer gearbeitet hat – brachte uns selbstgemachtes Schmalz. Die weinte auch. »Ach, warum können wir nicht in unsere Heimat zurück und warum müsst ihr gehen von eure Heimat?« Denn kam Kucharski und hat zu mir gesagt: »Jetzt kannste mir ja sagen, wo meine Pistole ist.«
Denn hab ich zu ihm gesagt: »Ich weiß es nicht, und wenn ich es wüsste, dann würde ich es *Ihnen* bestimmt nicht sagen!«
Und da hatten die Polen so ein großes, dickes Marienkreuz am Eingang vom Dorf aufgestellt, ganz aus Holz, sagt der polnische Sekretär zu Lotte: »Na, was meinst du, was aus dem Kreuz so wird, wenn ihr wiederkommt?« Hat sie gesagt: »Na, da bammeln wir Sie auf! Das haben Sie doch schon für sich hingestellt!«
Du wirst so hart, wenn du 's auch vielleicht gar nicht machen würdest!
Bevor wir denn fuhren, sagte Kucharski, so, wir sollten alle einen Obstbaum pflanzen. Er hätte Obstbäume

besorgt, und wir sollten die pflanzen. Wenn wir denn mal wiederkommen, dass dann so schön die Obstbäume gewachsen wären. Vater hat einen gepflanzt, und die Boll auch! Ich nicht, Lotte nicht, Heidi nicht, Irma nicht! Wir sind auch nicht mit ihm auf dem Wagen gefahren – die Boll und Vater ja – aber wir sind bei anderen mitgefahren! Und mein Vater hat sich umgeguckt und gesagt: »Werde ich das noch mal wiedersehen, werde ich das noch mal wiedersehen?«
Er hat es nicht wiedergesehen! Na ja!

Von Stolp nach Stettin

Der Bahnsteig wimmelte von Menschen – Kinder, Frauen, alte Männer und überall Gepäck – was man so tragen konnte, mehr durfte man ja nicht!
Dann mussten wir in diese Viehwagen. Meine Herrn, das war aber auch eine Kur! Keine Fenster, bloß so Luftschlitze, dann von außen zugemacht mit *so* einem Ding von Riegel und sechzig Mann drin mit Kind und Kegel. Kein Klo und nichts, nur Stroh! Und im Oktober war es doch schon kalt! Wir standen den ganzen Tag im Bahnhof von Stolp, bis wir überhaupt losfuhren – in diesen Viehwaggons. Na, denn ging es los von Stolp in Richtung Stettin. Stück gefahren – wieder angehalten. Dann haben sie wieder zurückgesetzt, da hieß es, wir kommen woanders hin, dann wieder nicht. Dann standen wir die halbe Nacht auf einem Gleis herum, eingesperrt in diesen Waggons.
So schleppte sich die Fahrt endlos hin! Zum Glück hatten wir noch irgendwo eine Blechbüchse aufgegabelt. Die haben wir zur Not genommen. Da pinkelten

erst mal die Kinder rein. Ja, aber raus schütten konntest du auch nichts! Also, nee! Das stank nachher – unerträglich!
Dann haben sie ein Mal angehalten und haben die Türen aufgemacht, da konnten wir aufs Klo. Aber was heißt aufs Klo – also draußen im Freien, nich!
Hennawetter, da hatte man so einen Druck auf der Blase. Denn standen die da, die polnischen Zugbegleiter, und guckten zu, wie wir uns da auspinkelten, oder was jeder gerade musste. Wenn man muss, muss man eben! Man hatte ja noch eine Angst, dass die ohne einen abfahren würden. Da hat man gar nicht lang gemacht. Am Schlimmsten war es für die Kinder! Denn pfiff die Lokomotive! Wir kriegten einen Schreck!
Lotte sich ihre Iris geschnappt und ich mir Peter unter den Arm, und dann sind wir gerannt, dass wir bloß ja mitkamen. Aber das war nur so zum Spaß gewesen. Wir standen denn noch bestimmt so zwanzig Minuten herum, ehe es weiterging.
Als wir dann im Stettiner Bahnhof ankamen, standen die Polen schon auf dem Bahnsteig bereit: So wie einer sein Gepäckstück abstellte, war es weg! Die haben ja noch die letzten Reste von den Deutschen geklaut, und das war wenig genug!
Denn hab ich immer gedacht: Du lässt dein Gepäck nicht los, und wenn du kaputtgehst!
Dann mussten wir marschieren.
Ach, Gott, dieses Gepäck schleppen!
Ich hab mich so gequält, war ja doch ziemlich geschwächt nach dem Typhus. Lotte sagte nachher:
»Ich hab gedacht, dir platzt der Kopf! Du hattest eine Ader hier an der Schläfe, so dick wie mein kleiner

Finger!«
Sie hat denn Vater Bescheid gesagt, und er hat mir dann den Peter abgenommen. Da konnte ich das Gepäck mal wechseln irgendwie.
Wir mussten dann noch über ein kleines Brücklein, und nach ungefähr einem Kilometer kamen wir an im Lager Frauendorf bei Stettin.
Das war aber noch alles polnisch.

Frauendorf

Ach, die erste Nacht im Lager …
Da waren wir alle so zusammen in einem großen Saal. Da war nichts drin, nur die nackten Holzdielen. Da lagen wir auf dem Fußboden. Ich hatte zum Glück ein Federbett mitgenommen. Hatte ich lieber auf Kleidung verzichtet. Ich hab gedacht, das wäre wichtiger.
Unserem Vater und den Kindern haben wir immer den besten Platz gemacht, dass er mit den Kindern wenigstens liegen konnte. Wenn wir auch sitzen mussten, na Gott, wir waren jung!
Den Abend, da war es so still und dunkel in dem Saal, und mit mal fingen die Leute an zu singen.
Was ist der Mensch bloß für ein komisches Wesen?
Wir waren doch so kaputt, so geschafft! Ich weiß auch nicht, aber man hatte Lust zu singen.
Das gibt 's doch gar nicht.
Und da fingen die an zu singen und wir denn auch, Lotte und ich. Nachher wurde alles still und wir sangen bloß noch alleine. Da haben wir denn gesungen ‚Alle Tage ist kein Sonntag' zweistimmig.
Wenn ich heute so darüber nachdenke, es war eigent-

lich ein großes Elend. Viele haben geweint, aber es war so richtig – wie soll ich sagen? – na, irgendwie war das trotzdem tröstlich, nich!
Den anderen Tag wurden wir alle gefilzt.
Da wurde unser Gepäck kontrolliert und alles Wertvolle weggenommen. Meine Hirschgrandelkette hatte ich Peter in die Hosentasche.Die haben sie nicht gefunden. Vielleicht haben sie auch nicht mehr richtig gesucht. Wir waren ja beim letzten Schub, und da lagen die ganzen Tische schon voll bei der Kontrolle.
Aber was hatten die Leute nicht alles mitgeschleppt! Da lag ein ganzer Hausstand auf den Tischen: Silberkännchen, Tafelsilber, Kaffee-Services, Ess-Services und natürlich Schmuck und jede Menge Geld und Sparbücher.
Na, nachdem sie das alles kassiert hatten, wurden wir verteilt – immer mehrere Familien auf kleinere Baracken. Denn marschierten wir alle dahin, wo wir zugeteilt waren. Da kam ein kleiner Junge mit seiner Mutter und hat so auf mich gezeigt:
»Mama, guck mal, da ist die Sängerin von gestern Abend.« Und zu Heidi haben sie gesagt:
»Na, um Ihre Schwestern brauchen Sie sich keine Sorgen machen, die brauchen ja bloß auftreten!«

Lagerleben

Die Tage in Frauendorf, die waren grauslich!
Die Dielen waren hart! Das Essen war zum Verhungern! Und von den sanitären Anlagen ganz zu schweigen. Also die Klos, nee!
Das war nur so ein leerer, großer Raum mit langen

Brettern. Da waren denn so Löcher ausgesägt und da musste man sitzen gehen, wenn man musste, und unten fiel es rein. Das war mir denn so peinlich, wenn da noch andere Leute saßen. Wir sind dann immer ganz früh morgens gegangen, weil viele Leute doch nicht so früh auf waren.

In Frauendorf wurden wir denn auch gleich am ersten Tag entlaust. Alle mussten hin zum Entlausen. Mein Peterchen und ich, wir hatten wieder so ein Glück. Da kamen wir denn in die Entlausungsbaracke, und da war eine Polin. Und ich sag zu ihr: »Also ich garantiere Ihnen, wir haben keine Läuse!« und sie sollte uns doch nicht so einmehlen.

Bei manchen haben sie sich ja einen Spaß gemacht, die sahen aus, als wenn sie aus dem Mehlsack kamen. Aber bei uns hat sie Peter so'n bisschen auf den Kopf gemacht, so groß wie ein Groschen und mir auch. Das war unsere Entlausung!

Dann mussten wir zur Arbeit. Ich hab mich denn gemeldet zur Küche. Da musste ich Hände so vorzeigen, war in Ordnung, konnte ich in die Küche. Das war ganz gut. Lotte kam zu einem Engländer. Die Engländer hatten damals das Kommando über die Schiffe, die von Stettin nach Lübeck rausgingen.

Jedenfalls, dieser Engländer hat Lotte auch prima zu essen mitgegeben, feine Leckereien. Da wurden unsere Kinder mal wieder richtig satt!

Und ich hab in der Küche denn gesehen, was ich kriegen konnte. Die kochten da aber bloß für das polnische Personal. Für uns war das nicht vorgesehen.

Wir kriegten nur eine dünne Suppe und ganz wenig Brot, aber ganz wenig. Da schmolzen unsere Vorräte schnell dahin. Denn hab ich die Köchin bezirzt. Ich sag zu ihr: »Ich hab da 'ne schöne Kette!« – war nicht echt, aber war eine schöne – so mit einem roten Stein und gut vergoldet. Na, Modeschmuck, würde man heute sagen, aber schön! Ich sag, ich gebe ihr die Kette, wenn sie mir zu essen gibt.

Den andern Tag hat sie mir denn vier Brote gegeben und noch so Scheiben lose, und denn durfte ich mir noch rauskratzen aus dem Topf und der Pfanne. Da war denn Fett mit so bisschen Hackbraten. Oh, das war ein schönes Essen für meine Leute! Zum Glück hatte ich noch meinen kleinen Kochtopf mitgenommen, da durfte ich mir denn auch noch Suppe rein machen. In der Küche war so ein komischer polnischer, ‚Mischpoke‘, sagte ich immer, weil er so lumpig angezogen war. Ich sag: »Du hältst jetzt da meinen Topf, aber wehe du verschüttest was!«

Denn er immer mit dem Pott ‚Huuh, huuh...!‘ so geschwenkt, um mich zu erschrecken. Aber nichts ist raus gekommen!

Beim Nudeln schneiden denn, nee, da kam ich nicht mit! Das war ja auch unwahrscheinlich, wie die das machten, die Polinnen. Ich hab getan, was ich konnte. Aber ich konnte die Nudeln nicht so schnell schneiden wie sie!

Wir waren ungefähr zwei Wochen in diesem Lager bei Stettin, aber in die Küche kam ich leider nur drei Mal. Danach musste ich denn woanders arbeiten, mal in einer Fabrik, da mussten wir so Nieten abschlagen mit einem Hammer. Da kriegten wir gar kein Essen. Mal mussten wir Unterkünfte, englische, glaube ich, sauber machen. Da hab ich denn noch eine Packung

Lucky-Strike gefunden. Hab ich natürlich eingesteckt!
Ein anderes Mal kam denn ein Pole, und der suchte eine Frau zum Bügeln. Da hat er mich ausgesucht. Der ist mit mir durch dieses Stettin gerannt. Und Stettin ist ja eine große Stadt, da kannte ich mich gar nicht aus. Hab ich mir einige der Bauwerke gemerkt, sicherheitshalber, damit ich wieder zurückfinde, nich.
Na, ich kam denn in seine Wohnung. Denn ging's los. Die Bügelwäsche war da, Bügeleisen, Bügelbrett. Das ging denn eine Weile, hab ich gebügelt, denn kam er und sagt, ich sollte doch eigentlich bei ihm bleiben die Nacht. Er wollte im Lager anrufen, dass ich erst den nächsten Tag komm. Ich sag zu ihm: »Das kommt nicht in Frage, wenn meine Zeit rum ist, geh ich!«
»Ach, nein«, wollt er mich so bereden, kam er so auf mich zu. Dann hab ich das Bügeleisen genommen. Ich hätte zugeschlagen. Ich sag: »Wenn Sie näher kommen, ich schlag Ihnen das Bügeleisen ins Gesicht!« Ich hätte es getan! Das weiß ich genau!
Dann ging er weg, hat er mich eingeschlossen.
Ich denk, der kommt gar nicht wieder und kommt gar nicht wieder, ach Jesus Gott, was mach ich bloß?
Da bin ich durch die Wohnung, hab ich geguckt, wo ich raus konnte. In der Küche da war am Fenster so Spalier von Wein gewachsen, hab ich gedacht:
So, da kannst du runter!
Denn kam er mit mal, hat er Malzkaffee gekocht und eine Schwarz-Wurst aufgeschnitten. So hat er mir zu essen gegeben. Dann fing er wieder an, ich sollte dableiben, und er hätte schon mal eine Frau dagehabt. Ich hab gesagt: »Dann suchen Sie sich eine, aber ich bleib nicht!« Da sah er schließlich ein, dass das nichts

wird. Ich hätte mich gewehrt! Und dann hat er mich denn raus gelassen.

Nu war es aber schon so spät, und die Autos waren schon alle weg, die ins Lager zurückfuhren. Was man da für Ängste aussteht, dass man wieder zurückkommt zu seinem Kind und seiner Familie!

Ich hab gedacht: Mein Gott, wo bleib ich bloß diese Nacht in Stettin?

Da hatte ich mir schon vorgenommen, in irgendeinem Hausflur sitzen zu gehen. Zurückgegangen zu dem wäre ich auf gar keinen Fall!

Ich hatte mir doch die Bauwerke gemerkt und war denn glücklich an diesem Platz, und da kam *ein* Wagen mit Verspätung, und ich hab gewinkt und gewinkt, dass der anhielt!

»Na«, haben die Leute gesagt, »Sie haben da aber ein Glück. Wir sind die letzte Fuhre!«

So kam ich doch noch zurück ins Lager die Nacht.

Pöppendorf

Denn hieß es, der Treck geht morgen früh weiter!

Da waren wir eigentlich froh! Wir wollten ja unbedingt raus, diesem Ganzen entrinnen!

Den nächsten Morgen wir wieder alle rein mit unserem Gepäck in diese Viehwaggons. Denn ging's los!

Da kamen wir an die Oderbrücke, die war ziemlich kaputt. Die polnischen Begleiter stiegen natürlich alle aus, falls die Brücke zusammenkracht, dass sie am Leben blieben. Wir konnten ja ruhig runter rasseln, eingesperrt in diese Viehwagen. Na, ja, uns war schon alles gleich, da hatte man auch keine Angst mehr.

Jedenfalls fuhren sie ganz langsam über diese Brücke im Schneckentempo, und die Polen gingen im Abstand hinter uns her.
Wir sind denn heil rüber gekommen über die Oder, und danach wurde der Zug irgendwie übernommen. Hinter Stettin war es dann ja nicht mehr polnisch.
Da kamen wir raus!
Denn fuhren sie mit uns nach Pöppendorf, das war im Mecklenburgischen, da bei Lübeck, war von den Engländern ein Lager. Alles so Rundbauten, so Zelte, eine Barackenstadt, sozusagen.
Jedenfalls kamen wir denn in dieses Lager. Da kriegten die Kinder erst mal eine Apfelsine und Schokolade, keine Tafel, aber so zwei Riegel. Und in so einem riesengroßen Zelt kriegten wir alle was zu essen. Reis gab's da und, ich glaub, Kompott oder was. Gott sei Dank, hatten wir jeder ein Besteck mitgenommen.
In der Beziehung waren wir ja clever gewesen, nich.
Aber da waren Leute dabei, die hatten kein Messer, kein Gabel, kein gar nichts. Die aßen den Reis so mit den Fingern. Da haben wir uns denn so richtig vollgefuttert.
In Pöppendorf waren wir aber nicht lang – zwei Nächte – dann wurden wir weitergeschickt.

Lüchow

Und da wurden an unsere Viehwaggons drei Personenwagen angehängt. Da waren denn alles Juden drin. Das hatte sich so herum gesprochen. Denn ging es ab nach Lüchow, und in Lüchow kriegten wir Erbseneintopf. Und das war komisch. Das finde ich heute noch

komisch! Wir durften zuerst hin und durften uns Erbseneintopf holen, soviel wir wollten. Und die Juden wurden wieder zurückgeschickt zu ihren Waggons, und sie sollten warten, bis wir fertig wären.
Ich hab ja nie als Kind Erbsen gegessen, aber *die* hab ich gegessen. Ich hab mir noch einen Topf voll geholt für später. Dann haben sie den Zug geändert. Da kamen die Viehwagen weg und wir kriegten auch so normale Personenwagen. Damit fuhren wir weiter nach Wipperfürth. Das war denn schon anders. In Wipperfürth blieben wir aber nur ein paar Tage, denn hieß es, wir kommen ins Rheinland.
Wir haben uns gefreut:. ‚Einmal am Rhein' und ‚Warum ist es am Rhein so schön'. Da hatten wir so romantische Vorstellungen.
Wir hatten ja in Stolp auch Rheinländer kennengelernt – Soldaten. Die hatten denn bei uns Karneval gefeiert wie die Verrückten. Wir denn mitgemacht und gesagt: Also, das sind aber fröhliche Leute. Da müssen wir unbedingt mal hinfahren!
Wir waren ganz aufgekratzt in dem Zug und haben gesungen. Doch der Schaffner hat gesagt: »Na, freut euch nur nicht zu früh. Der Rheinländer ist profitlich. Der gibt nicht, wenn er nix wiederkriegt. Ich weiß, wovon ich rede, ich bin selbst Rheinländer.«
Aber die Stimmung im Zug war weiterhin fröhlich!

Hennef

Wir machten denn noch mal Zwischenstation in Troisdorf. Da blieben wir zwei Tage in einer Fabrik, und denn ging der Zug bis Hennef. Da mussten wir dann

raus. Endstation!
Als erstes wurden wir in eine große Halle gebracht, war das eine Turnhalle oder was, ich weiß nicht.
Wir mussten denn alle da durchgehen. Wir sollten angucken, was wir gemacht haben. Da war dann alles auf so Tischen aufgebaut: Lampenschirme, Gürtel und Uhrketten und all so was.
Die Lampenschirme sollten aus Judenhaut gemacht worden sein und die Uhrketten aus Judenhaar.
Wir wollten das ja gar nicht glauben, dass es so was gegeben hat mit den Juden. Ich konnte das nicht glauben. Ich wollte das auch nicht glauben.
Lotte auch nicht.
Wir haben gesagt: »Also das kann nicht wahr sein! Das ist nicht wahr! Das glauben wir nicht!«
Es war eben, wir glaubten das echt nicht! Wie soll ich sagen, das war unmöglich!
Ich meine, ich weiß es ja auch nicht, ich kann es bis heute immer noch nicht fassen!
Ich hatte überhaupt keine Vorstellung, dass man so etwas machen könnte. Das war ja furchtbar!
Wir dachten damals: Was soll jetzt noch diese Hetze gegen uns Deutsche?
Jedenfalls, das war das erste, was wir machen mussten. An Essen hatten sie nicht gedacht!
Die Kinder fingen an zu weinen, weil sie Hunger und Durst hatten. Da haben die Frauen geschimpft und gemeutert, und dann wurde doch noch irgendeine Suppe organisiert, dass die Kinder was kriegten.

Die Verteilung

Danach kamen wir auf einen offenen Lastwagen und wurden über die Dörfer verteilt. War lausig kalt und wir sind durchgefroren bis auf die Knochen. Lotte und mich schmissen sie denn ja gleich im ersten Dorf runter. Lotte und Iris bei einer Familie Thomas, und mich brachten sie zu Kuttenkeulers. Und Vater, Heidi, Irma und die Boll kamen nach Dambroich. Denn hieß es: »So, hier müssen Sie runter!«
Und dann setzten sie dich mit deinem Gepäck auf die Straße und fuhren gleich weiter. Nicht, dass sie bei den Leuten geklopft und gesagt hätten: »Hier, diese Leute sind Ihnen zugeteilt worden.« Nichts!
Die hauten gleich ab, als ob sie fliehen wollten, so kam mir das vor, nich.
Da stand ich denn so armselig mit meinem Peterchen und dem Rucksack vor der Tür und hab geklopft. Dann kam die Tochter von Kuttenkeulers und sagte ganz kurz angebunden: »Hier ist Ihr Zimmer.«
Und dann verschwand sie wieder.
In diesem Zimmer war nichts, nur dieses Bett mit Holzlatten, keine Matratze, keine Decke, kein Nichts, bloß diese Holzlatten – kein Ofen im November – ein wackeliger Tisch und zwei wackelige Stühle, also mit Vorsicht zu genießen! Das war 's! Nach über drei Wochen Fahrt von Lager zu Lager kein freundliches Wort, nur Ablehnung und Feindseligkeit!
Na ja, und dann kam Lotte mit Iris *heulend* an!
Thomasens ließen sie nicht rein!
Nichts zu machen!

Schwerer Neuanfang

Da hab ich gesagt: »Ganz egal, du bleibst jetzt hier mit dem Kind heute Nacht.«
Denn kam die Tochter von den Kuttenkeulers wieder und sagte: »Hören Sie mal zu, dies Zimmer ist nur vorgesehen für Sie und Ihren Sohn. Ihre Schwester muss wieder gehen!«
Ich sag: »Die geht ja wieder. Sie will jetzt bloß noch eine Weile bei mir bleiben.«
Denn hab ich sie gefragt, ob sie mir einen Topf Kartoffeln kochen könnte, wir haben noch kaum was gegessen am Tag. Ich wollte sie ihr ja wiedergeben, wenn ich Zuteilung kriegte. Wollte sie erst nicht.
Ich hab sie regelrecht angebettelt, und zum Schluss kam ich denn mit Mutters Geschütz immer, mit der Religion, nich.
Na schließlich hat sie denn doch so einen Topf voll gekocht, und nachher die Kartoffeln auf den Tisch geschüttet. Auf den Stühlen konnte man nicht sitzen. Der eine war gleich zusammengekracht und hatte bloß noch drei Beine. Da ließen wir das sein!
Da saßen wir denn alle auf der Bettkante und haben diese Pellkartoffeln gegessen und Wasser dazu getrunken. Ich hab die Tür denn einfach abgeschlossen und dann haben wir uns mit unseren Federbetten – die hatten wir ja, Gott sei Dank – eingerichtet in dem Bett alle Vier. Und da ging es ganz gut. Wir haben nicht gefroren. Aber wir haben gesagt: »Was sind das bloß für Menschen? So was hätte es bei uns zu Haus nicht gegeben!«

Zwangseinweisung

Am anderen Morgen ist Lotte dann mit Iris los zum Bürgermeister, und der ist dann mit ihnen hin zu Thomas, und da mussten sie sie ja nehmen. Lotte hat gesagt, es war hauptsächlich die Frau. Er war nicht so. Er hat gesagt: »Mutter, hast du ihnen wenigstens was zu essen gegeben?«
Und sie sagt: »Nein!«
Da hat er gesagt: »Dann gib ihnen zu essen!«
Und denn hat sie ihnen ein Teller Suppe gegeben, welche weiß ich nicht, und Iris hat immer in die Suppe geweint, immer in den Teller rein die Tränen.
Es war ja auch furchtbar. Sie, die Frau Thomas, hat immer auf kölsch Platt geschimpft und gejammert, und Lotte hat kein Wort verstanden, nich.
Nachher hat sich die Frau Thomas – das muss man ihr ja lassen – bei Lotte entschuldigt, und sie hätte gemeint, dass die Flüchtlinge alle klauen, da hätte sie Angst gehabt vor den ‚Pimmocken'.
Im Rheinland nannte man uns Pimmocken!
Ich wäre ja da anders gewesen als Lotte. Das hätte ich ihr nicht verzeihen können! Lässt eine Frau mit einem kleinen Kind vor der Tür stehen! In dieser Kälte! Und dunkel wurde es auch schon! Wie kann ein Mensch so etwas bloß fertig kriegen?
Aber jeden Tag in die Kirche rennen!
Nachher hat die Frau Thomas gesagt, wenn die Leute sie gefragt haben: »Had ihr uch Pimmocke?«*
»Ja, jo, dat, äwer et sin ahnständije Lück!«*

*Habt ihr auch Flüchtlinge? *Ja, aber es sind anständige Leute!

10 Neuanfang

Der Kindersegen

Lotte und ich kriegten denn zusammen einen Herd. Und da war ich ja denn die meiste Zeit bei Lotte. Ofen hatten wir gar keinen.
Da saßen wir im Mantel und denn abwechselnd mit den Füßen im Backofen, weil 's so kalt war, nich.
»Sind deine Füße jetzt warm?«
Ich sag: »Ja, ja, jetzt kannst du.«
Denn hat Lotte wieder die Füße rein. So haben wir uns den ganzen Tag vergnügt, die Füße warm zu halten. Im Backofen!
Das war ja so kalt, da froren uns die Kleider an der Wand fest. Ich will ja das Zimmer gar nicht schlecht machen, aber das war doch ein Loch. Ich hatte einen blau karierten Mantel. Der war morgens an der Wand festgefroren. So kalt war es in dem Loch!
Das war doch kein Zimmer! Das war ein Ziegenstall oder was. Da musste man von der Scheune aus rein, und gezogen hat es wie Hechtsuppe.
Peter und Iris saßen ja auch die meiste Zeit im Bett, eingemummelt im Mantel. Denn haben sie da Karten gelegt. Lotte legte ja immer Karten, und Karo-Sieben bedeutete Kindersegen. So haben sich die Kinder vergnügt im Bett mit den Karten.
Denn fiel die Karo-Sieben mal runter, und Iris sagte ganz aufgeregt: »Oh Peter, Peter, unser Kindersegen liegt unterm Tisch!«

Weihnachten, Paul kommt

Ich wusste Pauls Adresse in Immendingen noch von Kublitz her und hab ihm denn gleich geschrieben, wo ich gelandet war. Aber meine Briefe kamen immer zurück. Denn hab ich das über Berlin versucht und hab dem Treptow geschrieben – der war in Berlin, Irma hatte seine Adresse – und der hat den Brief an Paul in Berlin eingesteckt.
Tatsächlich hat Paul denn diesen Brief gekriegt.
Nachher haben mir seine Kollegen erzählt, er hat mit diesem Brief gesessen und geheult wie ein Schlosshund, weil er nu wusste, dass ich überlebt hatte und in Sicherheit war. Denn schrieb er, er kommt mich besuchen am 23.12. – also einen Tag vor Heilig Abend.
Nach Kuttenkeulers war ich ja gar nicht mehr hin. Bloß wie Paul denn kommen wollte zu Weihnachten, wollte ich mit ihm da schlafen. Ich bin dann hin zu dem Bauern, diesem Gerlach, und hab Stroh geholt, dass man in dem Bett wenigstens liegen konnte.
Für diesen Strohballen wollte er ja nichts. Den gab er mir so! Denn stand ich da mit Peterchen bei denen in der Küche, und die hatten ordentlich was zu essen auf dem Tisch. Sie hätten doch sagen können: »Na, Jung, hast du Hunger? Willst du ein Stück Brot?«
Sie haben doch gesehen, was der Jung für hungrige Augen hatte. Aber nee, sie gaben ihm nichts. Man glaubt gar nicht, wie das einer Mutter weh tut!
Unsere Kinder haben doch auch gehungert, bis es denn endlich Zuteilung gab. Sie haben doch immer gefragt: »Mama, hast du nicht was zu essen, wenn 's auch bloß eine kalte Kartoffel ist?«

Aber wir hatten nicht!
Und hier stand der ganze Tisch voll!
Also das hätte es bei unserer Mutter nicht gegeben!
Sie hat immer gegeben, auch als wir selbst nicht mehr viel hatten.

Seelenfang

Wir haben denn ran geschafft und organisiert, was wir konnten für Weihnachten. Dann kriegten wir Zuteilung – Mehl und Fett – und da wollten wir Plätzchen backen. Aber in unserem Herd ging das nicht.
Da konnte man bloß die Füße drin wärmen. Den konnte man nicht einheizen von unten zum Backen.
Denn sind wir nach Rott gegangen zum Bäcker, ob er was für uns backen könnte, nich.
Ja, wäre in Ordnung, und wir denn los mit unserem Teig nach Rott. Da trafen wir denn auf dem Weg diesen Pfarrer. Hielt er uns so an.
»Ja«, sagt er so, »wir haben eine Spende gekriegt vom Heiligen Vater in Rom für die Flüchtlinge.« Rindfleisch in Dosen und so weiter, das wäre aber nur für seine Kirche, also nur für seine Katholischen.
Dann meinte er: »Das tut mir ja nun leid, dass Sie evangelisch sind!«
Und Lotte sagte so von oben herab, das konnte sie ja gut: »Ich wüsste nicht, dass wir Sie um irgendetwas gebeten hätten. Guten Tag!«
Und denn sind wir weitergegangen. Fertig!
Sollten wir etwa für ein Pfund Rindfleisch katholisch werden?

Nee, also! Ich mein, man kann mit einer Dose Rindfleisch oder so, keine Seelen fangen, oder?
Vielleicht waren wir auch bisschen zu stolz, was weiß ich.

Evangelische Kirche

Denn kriegten wir Nachricht, wir sollten nach Hennef in die evangelische Kirche kommen am Abend um sieben Uhr. Es würde eine Spende für die Flüchtlinge verteilt. Na, Lotte und ich denn hin in der Hoffnung, wir kriegen da was Ordentliches. Haben wir uns jeder noch so eine Tüte mitgenommen. Wir Esel, Mensch!
Muss man sich mal vorstellen, das war im Winter und kalt – und das waren kalte Winter damals – da lag Schnee. Und dann sind wir den Berg runter durch diese Schlucht im Dunkeln. Das waren sechs Kilometer eine Tour bis Hennef. Alles, um was ran zu schaffen! Und was kriegten wir?
Jeder eine kleine Schippe Mehl, also, wenn 's hoch kommt, ein halbes Pfund. Also dafür sind wir denn runter gelatscht – im Dunkeln. Und dann im Dunkeln wieder zurück!
Da wollten sie uns doch bloß in diese Kirche locken. Mussten wir noch den Gottesdienst anhören. Also das war doch Leute verdummen!
Wenn sie einem was geben wollen, dann sollen sie das am Tag machen! Ist doch wahr!
Wir konnten ja noch froh sein, dass wir nicht jeder bloß ein Brikett kriegten.

Holzhacken

Was mit das Schlimmste war in diesem Söven: dieses Holzmachen! Aber wenn man nicht erfrieren wollte, hatte man ja gar keine Wahl! Da musste man ran!
Lotte war ja auch nicht gerade fit. Die hatte ihre Periode verloren vor lauter Angst. Die hatte ja die ganzen Monate überhaupt keine Periode mehr gekriegt und ich ja auch nicht. Die war doch unterernährt genau wie ich auch. Wir waren wirklich schlecht dran!
Dann komm man dahin in den Wald und denkt: Na ja, jetzt kannst du dir das Holz machen. Da liegen da so Zweimeterstämme mit *so* einem Durchmesser und die sollst du jetzt bewältigen. Wenn die jetzt durchgesägt wären oder was – aber nix.
Da waren denn zwei alte Männer, die waren anständig, die haben gesagt: »Also das können Sie nicht schaffen. Wir werden die Ihnen wenigsten ein Mal in der Mitte durchmachen.«
Da haben sie zwei Keile reingehauen und das Holz gespalten, dass es denn nur noch die Hälfte war von dem Stamm. Lotte hat den denn vorne genommen und ich hinten und denn den Rotter Berg hoch.
Ach Gott, wir haben uns geschunden, dass wir das überhaupt geschafft haben!
Und da stehen diese jungen, vollgefressenen Bauernlümmel – ich kann das nicht anders sagen – und dann höhnten die rum: »Mensch, guck dir die zwei mal an, wie die schuften können!« »Oh«, sagt der eine, »wenn wir das gewusst hätten, dann hätten wir uns doch eine aus dem Osten genommen. Da hätten wir glatt die Pferde sparen können!« Wir haben denen gar keine

Antwort gegeben. Wir haben sie auch nicht beachtet. Gar nicht angeguckt. Wenn das anständige Kerle gewesen wären, dann hätten sie gesagt:
»Warten Sie, wir helfen Ihnen das hoch tragen!«
Das hätte denen zwei starken Kerlen nichts ausgemacht! Und ich glaub immer so: wenn wir beide, Lotte und ich, diesen Hass nicht gehabt hätten oder diese Wut auf diese vollgefressenen Bengels, dann hätten wir es vielleicht gar nicht den Berg hoch geschafft.
Aber wir haben es denen gezeigt!
Und dann war es ja so, Lotte hatte von Dr. Dengler Tabletten gekriegt für ihre Periode, und ich hatte eine davon genommen, weil ich sie ja auch wiederkriegen wollte. Da hatte ich sie doch schon wieder gehabt, aber nachdem wir dieses Holz hoch geschleppt hatten, da hab ich geblutet und geblutet, und dann war die Periode wieder weg. Was der Körper nicht alles aushalten musste und auch kann, wenn es sein muss!
Naja, dann haben wir das Holz zersägt bei Thomas, und ich hab das denn auch zerhackt. Und der alte Thomas hat immer gesagt: »Mein Gott, Sie! Sie hacken sich noch die Finger ab!«
Ich hatte das ja gelernt unter den Polen noch.
Das ging, zack, zack, zack! Ich konnte Holzhacken wie verrückt! Was man alles lernen kann, wenn es sein muss!

Paul

Endlich kam nun der Tag, der Tag vor Heilig Abend, wo Paul kommen sollte. Jedenfalls, ich noch zum Friseur gelatscht – na, Gott, ich war jung und eitel! Da

bin ich ganz früh morgens, war noch dunkel, durch die Schlucht nach Hennef rein, dass ich gleich um acht Uhr drankam. Nachher hat die Frau Thomas gesagt: »Sie, da han Sie äwer jett riskiert!« *
In der Schlucht waren schon mehrere Frauen angefallen worden! Ich wusste das nicht, ich dachte doch, ich bin hier in Sicherheit. Nach dem, was wir alles zu Haus erlebt hatten, da dachte ich, na hier bist du ja sicher. Naja, nu ist ja nix passiert!
Aber durch diese Schlucht ist Paul denn auch, ich hatte ihm so bisschen beschrieben, wie er gehen musste.
Denn kam er auch gegen Abend an.
Ach, der Arme, der sah ja aus! Wie zehn Jahre Knast! So verhungert war der! Geheult haben wir beide.
Jedenfalls, wir hatten sogar Bohnenkaffee organisiert, und Paul brachte Zigaretten mit. Da haben wir ordentlich gelebt! Und am Abend sind wir zum Schlafen nach Kuttenkeulers gegangen.
Den nächsten Morgen hatten sie mir vor die Tür – gelobt sei Kuttenkeulers. Das war anständig! – da hatten sie mir ein Brot hingestellt im Korb und noch verschiedenes Gemüse, ohne was zu sagen. Ich bin denn hin, hab ich mich bedankt und hab das denn zu Lotte mitgenommen, weil wir ja bloß einen Herd zusammen hatten. Aber da haben wir schön zu essen gehabt über Weihnachten, nich.
Zum Heiligen Abend haben wir denn ein Bäumchen geschmückt. Und Iris und Peter haben ein Gedicht aufgesagt und ‚Ihr Kinderlein kommet' gesungen. Und da kam Peter mit der ‚Hochheiligen Nacht' nicht so hoch. Der sang da so schön schräg daneben.

---

* Sie, da haben Sie aber was riskiert!

Naja, danach haben wir denn noch alle zusammen gesungen ‚Stille Nacht, Heilige Nacht', und dann war Bescherung! Da hatten wir für die beiden Kinder paar Geschenkchen gemacht, selbstgebastelte.
Das war unser erstes Weihnachten im Goldenen Westen!

Eingliederung

Heidi ist denn nach Bremen zu ihrem Mann.
Irma zu Herbert nach Berlin, die landete denn in der DDR.
Lotte blieb im Rheinland, und ich bin zu Paul in den Schwarzwald.
Da war unsere ganze Familie in alle Winde verstreut.
Und wir haben es in all den Jahren nicht fertig gebracht, wieder zusammen zu kommen!

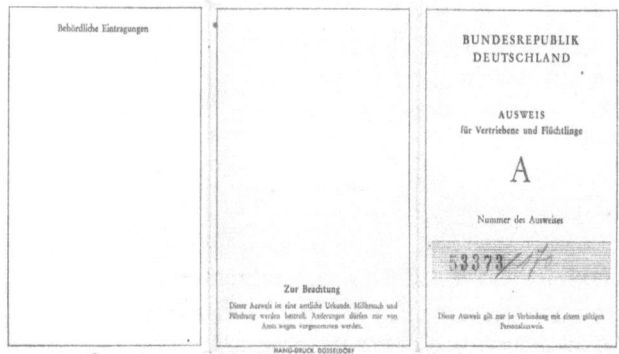

Flüchtlingsausweis A

Heute reden sie immer, wie toll sie die Flüchtlinge im Westen eingegliedert haben.
Sie sollen sich bloß nicht damit brüsten!

Also, wenn man darüber so nachdenkt, dann kommt einem alles wieder hoch, wie schwer es gewesen ist!
Ich muss mich heute noch wundern, dass man das überstanden hat.

Jedenfalls, was sie sich heute so brüsten mit der Eingliederung, das können sie lassen!

TanteTraute März 1999

Die Frauen, die haben ihren Mann gestanden. Ich mein, sie haben es im Krieg beweisen müssen. Sie haben Straßenbahnen gefahren, bei Post und Bahn, in der Fabrik haben sie gearbeitet. Sie haben alles gemacht. Und dann, nach diesem ganzen Wahnsinn, haben sie Steine geklopft, da durften sie dann wieder mit aufbauen, was die Männer zerbombt haben.

Eine Frau ist so, also ich weiß nicht, sie ist einem Mann an sich haushoch überlegen!

Ika von Stolp
wird 1943 in Hinterpommern geboren. Nach ihrer Vertreibung 1946 wächst sie im Rheinland auf und lebt heute in Köln.

Ika von Stolp im Internet auf
www.ikavonstolp.de